지구는 모든 생명이 함께 사는 공동의 집입니다. 그런데 이 공동의 집이 변하고 있습니다. 기후도, 환경도 전과 같지 않습니다. 이곳에서 우리가 다시 행복하게 살 수 있을까요?

지구인의 윤리를 다시 생각해볼 때입니다. 북극곰과 남극의 펭귄 그리고 환경 난민들도 모두 지구에 사는 생명체라는 사실을 자각하고 이기적인 마음을 버려야 합니다. 네덜란드, 벨기에, 콜롬비아에 이어 우리나라의 청소년이 진행하고 있는 기후소송을 응원하고 참여하는 것도 좋겠죠. 우리는 다양한 방법으로 기후 천사가 될 수 있습니다. 지구호에 탑승한 일원으로서 할 수 있는 더 많은 일을 찾고 있다면 이 책 속에서 만날 수 있을 것입니다.

신경준　서울 숭문중학교 환경교사

이제 '미래세대'는 없습니다. '미래 없는 세대'가 되지 않기 위해 기후위기와 온몸으로 맞서 싸우는 현재의 10대들이 있을 뿐입니다. 동료 정치인들에게 고합니다. 우리가 걸핏하면 들먹이는 '미래'라는 말에 조금이라도 진심이 담겨 있다면, 이제 우리에게 주어진 유일한 선택지는 이 무서운 멸종 위기 세대의 말을 잘 듣는 기특한 정치인이 되는 것뿐입니다.

장혜영　정의당 국회의원

아직도 '어린애들이 뭘 할 수 있겠어?'라고 생각하는 분이 있다면, 이 책을 꼭 읽어보시길 바랍니다.

세계 각국에서 제2, 제3의 그레타 툰베리들이 자신이 살아야 할 미래와 지구를 위협하는 기성세대의 잘못을 거침없이 지적하고 행동으로 옮기고 있습니다. 우리나라에서도 마찬가지입니다. 기성세대로서 미안함을 느끼지 않을 수 없고 동시에 큰 자극을 받습니다. 이들의 행동과 목소리가 결국은 세상을 바꿀 것입니다. 이 책은 그런 확신을 증명하는 10대들의 목소리로 가득합니다.

장재연  (재)숲과나눔 이사장

온실가스는 배출 후에도 대기 중에 계속 남아 누적됩니다. 누적된 온실가스는 기후위기를 가져왔고, 가중된 기후위기는 결국 미래세대에게 넘겨집니다. 미래세대는 지금세대가 일으킨 기후위기를 고스란히 감당하고 처리해야 합니다.

우리 아이들에게 이 큰 짐을 고스란히 넘길 수는 없습니다. 그러니 이제라도 기후위기에 책임이 있는 지금세대는 미래세대가 뭐라고 말하는지 잘 듣고 함께 행동해야 합니다. 이 책에 들어 있는 10대들의 목소리에 귀 기울여 주십시오.

조천호  대기과학자, 전 국립기상과학원장

지구는
인간만
없으면
돼

# 지 구 는 인 간 만 없 으 면 돼

기후위기를
경고하는
10대들의
목소리

기후위기와
싸우는 10대들 지음

(재)숲과나눔
x
project p.

# 차례

함께하는 말

**What we say**  우리가 말하고자 하는 것

스피치  **어떻게 감히 그럴 수 있죠?**  그레타 툰베리  8

이슈  **기후위기 방관, 위헌!**  청소년기후행동  16

인터뷰  **기후위기에 무관심한 정부에게 미래는 없다**

청소년기후행동 김도현, 성경운  26

인터뷰  **기성세대가 그랬던 것처럼, 우리도 미래를 마음껏**

**꿈꿀 권리가 보장돼야 합니다**  청소년기후행동

권빈, 김승현, 김지영, 남다희, 변유경, 왕예주, 이소희, 이현정  40

에세이  **깨끗한 공기를 마실 권리, 지켜주세요!**  최여민  60

스피치  **우리가 원하는 건? 기후 정의!**  아뉘나 더 베버르  66

# This is our acting 우리의 행동

에세이    **일주일에 한 번이라도 지구를 위한 실천을**

금산 간디학교 박연우, 김지수    76

스피치    **지구 수호자로서 할 수 있는 일**

시우테스카를 마르티네즈    86

스피치    **바이바이 플라스틱 백!**  멜라티 비젠, 이자벨 비젠    94

인터뷰    **동물과 식물이 죽어가는 이 땅에, 우리가 살 수**

**있을까요?**  제주 멸종위기 어린이단 이룸, 주아, 한별    107

에세이    **안녕? 우리는 1.5도씨야**  광주 청소년삶디자인센터 또바기    122

좌담회    **당신들에게는 미뤄도 될 문제입니까? 우리에게는**

**생존의 문제입니다**  성대골 에너지자립마을 마을연구원

송수빈, 유정민, 이승준, 전서희, 정혜영    132

좌담회    **학교에서 환경과 지구에 대해 이야기하며**

**일어난 변화들**  교사 강우희, 김두림, 윤신원,

이혜숙, 최소옥    152

앙케이트    **10대들의 환경 운동, 얼마나 알고 있습니까?**    174

맺음말    **기후위기 극복을 위한 연대**  김소영    182

Issue

# What

# we
# say

# 어떻게,
# 감히

# 그럴 수
# 있죠?

스피치

**Q** What's your message to world leaders today?
전 세계 리더들에게 전하고 싶은 메시지가 무엇인가요?

**A** My message is that we'll be watching you.
제 메시지는 우리가 당신들을 지켜보고 있을 것이라는 점입니다.

**연설자  그레타 툰베리**(Greta Thunberg)
금요일마다 등교를 거부하고 기후위기 대책 마련을 촉구하는 '미래를 위한 금요일(FFF, Fridays For Future)' 운동을 이끄는 10대 활동가입니다. 2018년, 스웨덴에서 1인 피켓 시위로 시작한 미래를 위한 금요일 운동은 전 세계로 퍼져나가 2019년에는 백만 명 이상이 참여할 정도로 커졌습니다.

This is all wrong. I shouldn't be up here. I should be back in school on the other side of the ocean. Yet, you all come to us young people for hope. How dare you!
이건 아니라고 생각합니다. 제가 이 위에 올라와 있으면 안 돼요. 저는 대서양 건너편 나라에 있는 학교로 돌아가 있어야 합니다. 그런데 여러분은 희망을 바라며 우리 청년들에게 오셨다고요?

You have stolen my dreams and my childhood with your empty words and yet I'm one of the lucky ones. People are suffering. People are dying. Entire ecosystems are collapsing. We are in the beginning of a mass extinction and all you can talk about is money and fairytales of eternal economic growth. How dare you!

여러분은 헛된 말로 저의 꿈과 어린 시절을 빼앗았습니다. 그렇지만 저는 운이 좋은 편에 속합니다. 사람들이 고통받고 있습니다. 죽어가고 있어요. 생태계 전체가 무너져 내리고 있습니다. 우리는 대멸종이 시작되는 지점에 있습니다.

그런데 여러분이 하는 이야기는 전부 돈과 끝없는 경제 성장의 신화에 대한 것뿐입니다. 도대체 어떻게 그럴 수 있습니까?

For more than 30 years, the science has been crystal clear. How dare you continue to look away and come here saying that you're doing enough when the politics and solutions needed are still nowhere in sight.

지난 30년이 넘는 세월동안, 과학은 분명한 경고를 보냈습니다. 그런데 어떻게 그렇게 계속해서 외면할 수 있나요? 그리고는 이 자리에 와서 충분히 하고 있다고 말할 수 있나요?

**지구는 인간만 없으면 돼**

©shutterstock

필요한 정치와 해결책이 여전히 아무 곳에서도 보이지 않는데요.

You say you hear us and that you understand the urgency, but no matter how sad and angry I am, I do not want to believe that. Because if you really understood the situation and still kept on failing to act then you would be evil and that I refuse to believe.

여러분은 우리가 하는 말을 '듣고 있다'고, 긴급함을 이해한다고 합니다. 그러나 아무리 슬프고 화가 난다 해도, 저는 그 말을 믿고 싶지 않습니다. 만약 정말로 지금 상황을 이해하는데도 행동하지

않고 있는 거라면, 여러분은 악마나 다름없기 때문입니다. 그래서
저는 그렇게는 믿고 싶지 않습니다.


The popular idea of cutting our emissions in
half in 10 years only gives us a 50 percent chance of staying
below 1.5 degrees and the risk of setting off irreversible chain
reactions beyond human control.

지금 인기를 얻고 있는, 앞으로 10년 안에 온실가스를 반으로만 줄
이자는 의견은, 지구 온도 상승 폭을 1.5도씨 아래로 제한할 수 있
는 가능성을 50%만 줄 뿐입니다. 이는 또한 인간이 통제할 수 있
는 범위를 넘어서 되돌릴 수 없는 연쇄 반응을 초래할 위험까지 안
고 있습니다.


Fifty percent may be acceptable to you, but
those numbers do not include tipping points, most feedback
loops, additional warming hidden by toxic air pollution or the
aspects of equity and climate justice.

50%는 여러분에게는 받아들여지는 수치인지도 모릅니다. 그러나
이는 여러 티핑 포인트, 대부분의 피드백 루프, 대기오염에 숨겨진
추가적 온난화는 포함하지 않은 수치입니다. 기후 정의와 평등의
측면도 고려하지 않았습니다.

They also rely on my generation sucking hundreds of billions of tons of your $CO_2$ out of the air with technologies that barely exist.

또한 이는 여러분이 공기중에 배출해놓은 수천억 톤의 이산화탄소를 제거할 임무를 우리와 우리 자녀 세대들에게 떠넘긴 것과 다름없습니다. 그렇게 할 수 있는 기술도 나오지 않았는데 말입니다.

So a 50 percent risk is simply not acceptable to us, we who have to live with the consequences.

그래서 기후위기가 초래한 결과를 떠안고 살아가야 할 우리는, 50%의 위험을 감수하라는 여러분의 의견을 받아들일 수 없습니다.

To have a 67% chance of staying below a 1.5 degrees global temperature rise – the best odds given by the [Intergovernmental Panel on Climate Change] – the world had 420 gigatons of $CO_2$ left to emit back on Jan. 1st, 2018. Today that figure is already down to less than 350 gigatons.

1.5도씨 아래로 머무를 수 있는 67%의 기회-IPCC가 제시한 현재로서 최상의 가능성인-를 잡으려면 세계는 2018년 1월 1일을 기준으로, 420기가 톤 이상의 이산화탄소를 배출하면 안 되는 상황이었습니다.

그러나 이 기회를 놓친 지금은 350기가 톤 이상의 이산화탄소를 배출하면 안 되는 처지에 놓였습니다.

How dare you pretend that this can be solved with just business as usual and some technical solutions? With today's emissions levels, that remaining $CO_2$ budget will be entirely gone within less than eight and a half years.

어떻게 감히 여러분은 지금까지 살아온 방식을 하나도 바꾸지 않고 몇몇 기술적인 해결책만으로 이 문제를 풀어나갈 수 있는 척할 수 있습니까? 오늘날처럼 탄소배출을 계속한다면, 남아있는 탄소예산마저도 8년 반 안에 모두 소진되어 버릴 텐데요.

There will not be any solutions or plans presented in line with these figures here today, because these numbers are too uncomfortable and you are still not mature enough to tell it like it is.

오늘 이 자리에서 제시될 해결책이나 계획에는 이 남아 있는 탄소예산이 고려되지 않았을 것입니다. 왜냐하면 탄소예산을 나타내는 이 수치는 매우 불편한 것이기 때문입니다. 그리고 여러분은 여전히 사실을 있는 그대로 말할 수 있을만큼 성숙하지 않기 때문입니다.

You are failing us, but the young people are starting to understand your betrayal. The eyes of all future generations are upon you and if you choose to fail us, I say: We will never forgive you.

여러분은 우리를 실망시키고 있습니다. 우리 세대는 여러분이 배신하고 있다는 걸 이해하기 시작했습니다. 모든 미래세대의 눈이 여러분을 향해 있습니다. 여러분이 우리를 실망시키는 선택을 한다면, 우리는 결코 용서하지 않을 것입니다.

We will not let you get away with this. Right here, right now is where we draw the line. The world is waking up and change is coming, whether you like it or not.

여러분이 이 책임을 피해서 빠져나가도록 내버려두지 않을 것입니다. 바로 여기, 바로 지금까지입니다. 더 이상은 참지 않습니다. 전 세계가 깨어나고 있습니다. 여러분이 좋아하든 아니든, 변화는 다가오고 있습니다.

Thank you.

감사합니다.[1]

---

1    2019년 9월 23일 유엔 기후행동 정상회담 연설(번역: 정혜선)

# 기후위기 방관,

# 위헌!

샵

스웨덴의 환경운동가 그레타 툰베리가
쏘아올린 기후위기 경고 메시지는
전 세계로 퍼져나갔습니다. 그의
메시지는 지구 반대편, 대한민국의
10대들에게도 절절히 닿았습니다.
현재 우리나라에도 많은 10대들이
스스로를 '멸종 위기 세대'라 부르며
기후위기를 경고하고 있습니다.

'청소년기후행동'은 기후위기 문제의 시급성에 공감한 한국의 청소
년들이 주도하는 청소년 기후운동 조직입니다. 전국 30여 개 지역
에서 500여 명의 청소년 활동가들이 공식 멤버로 활동하고 있으
며, 기후위기의 가장 큰 피해자이자 당사자로서 정부를 비롯한 기
성세대에게 적극적인 기후위기 대응을 촉구합니다.

　이들은 지난 2020년 3월 20일, 정부를 상대로 헌법소원 심판을
청구했습니다. 온실가스 감축 목표를 소극적으로 규정한 현행 법
령은 청소년의 생명권과 환경권 등 기본권을 침해한다는 것이 주
요 내용입니다. 같은 해 3월 24일, 헌법재판소는 이 헌법소원을 심
판에 회부하기로 결정했습니다. 그러나 그로부터 1년이 되어가는
2021년 3월 현재까지 정부는 묵묵부답 상태입니다.

더 많은 사람들이 내용을 알고, 공감할 수 있도록 여기에 청소년
기후행동 소속 청소년 19명이 청구한 헌법소원 심판 청구서 개요[1]를
싣습니다.

1. 청구인        청소년기후행동 소속 청소년 19명(김도현, 김승현, 구민주, 오연
                재, 이현정, 오민서, 박선영, 윤현정, 한동연, 박정하, 김유진, 권빈, 도
                유라, 이효서, 김동희, 정하람, 김서경, 성경운, 윤해영)

2. 피청구인      대한민국 국회 대한민국 대통령

3. 청구 취지     저탄소녹색성장기본법 제42조 제1항 제1호, (2) 2016. 5.
                24.자 시행령의 개정을 통한 "2020년 온실가스 감축 목표"
                폐지, (3) 저탄소녹색성장기본법 시행령 제25조 제1항은 헌법
                에 위반된다.

4. 침해된 권리    청소년들의 생명권, 행복추구권, 환경권, 평등권, 인간다운 생
                활을 할 권리 등

5. 청구 이유     ● 대한민국 정부는 기후변화의 치명적 위험을 인정하면서도,
                이에 대해 미흡한 대응을 하고 있다.
                ● 기후과학 및 국제사회는 지구 기온 상승을 산업혁명 이전을
                기준으로 5℃~2℃ 이하로 제한하지 않으면, 인류는 감당할 수
                없는 기후재난에 직면할 것으로 본다. 대한민국은 유엔기후변

---

1    자료 제공: 청소년기후행동
     (youth4climateaction.org)

화협약의 가입국이고, 파리협정을 비준했으며, IPCC에 참여했다. 정부의 공식 문서들도 위와 같은 사항들을 인정한다.

● 대한민국은 기후변화를 야기시키는 온실가스를 OECD 5위 규모로 다량 배출하는데도, 시행령을 개정하면서 기존의 '2020년 온실가스 감축 목표'를 이행하지 않은 채 폐지했고, 개정한 2030년 감축 목표로는 기온 상승 제한 목표를 달성할 수 없다.

● 회복이 불가능한 피해 위험에 놓인 청소년 자녀 세대가 성년 부모 세대에 하는 헌법소원이다.

● 청소년들은 현재 기후변화로 인한 환경 피해를 받고 있고, 청소년들이 성인으로 살아갈 시대에는 기후변화로 인한 환경적 재난이 이미 회복이 불가능한 피해를 보게 된다. 특히 이로 인한 피해는 부모 세대와 자녀 세대 간에 차별적으로 발생함으로써 '세대 간 불평등'의 문제도 야기한다.

6. 구체적 위헌 사유

● 대한민국의 기후재난 상황과 청구인들의 피해
정부 보고서에 따르면, 기후변화로 인해 한반도에서 기온 상승과 해수온도 및 해수면 상승, 폭염 등의 극한기후 현상이 이미 나타나고 있으며, 온실가스 배출이 계속될 경우 기후변화로 인한 재산인명 피해, 육상 및 해양 생태계 파괴와 각종 건강상의 피해가 재난 수준에 이를 것으로 예측되고 있다.

● 과소보호금지 원칙 위반 (헌법재판소 12. 27자 2018헌마730 결정)
과소보호금지 원칙은 국가가 보호 의무를 다하기 위하여 적어도 적절하고 효율적인 최소한의 보호 조치를 취할 것을 요구한다. 그러나 정부는 2010년에 설정되었던 '2020년 온실가스 감축 목표'는 달성하지 않고, 2016년 시행령 개정을 통해 이를 폐기하고 퇴행적인 수준의 '2030년 감축 목표'를 설정하면서, 이를 위반했다.

● 시행령 조항(2030년 온실가스 감축 목표)의 위헌성

작년 12월에 개정된 이 사건 시행령 조항은 "2030년의 국가 온실가스 총배출량을 2017년의 온실가스 총배출량의 1000분의 244만큼 감축"하는 것으로 온실가스 감축 목표를 설정했다. 그러나 이는 지난 2016년 시행령 개정 조항의 감축 목표와 차이가 없고, 파리협정 등 국제적으로 합의된 '2℃보다 현저히 낮은 수준의 온도상승 억제' 목표를 달성하기에도 턱없이 부족한 수준으로 청구인들의 기본권을 보호하기 위한 최소한의 보호조치에 이르지 못한다.

● 포괄위임금지 원칙(헌법 제75조) 위반

포괄위임금지 원칙은 대통령령에 일정한 사항의 규율을 위임할 때는, '구체적'으로 범위를 정하도록 규정한다. 이 사건 법률조항은 온실가스 감축 목표의 기준과 규율 형식 등을 정하지 않은 채 정부에 아무 조건을 붙이지 않은 채로 포괄적으로 위임하기 때문에 이를 위반한다.

● 환경권의 법률적 보장 원칙(헌법 제35조 제2항) 위반

헌법에서는 환경권의 법률적 보장 원칙을 통해, 환경권의 내용과 행위에 대하여 '법률'로 정하도록 한다. 국회는 파리협정이 설정한 최소 목표치인 2℃ 상승 제한 달성을 위해 구체적이고 예측 가능한 감축 목표를 '법률'로 정해야 하는데도 아무런 기준을 정하지 않음으로써 이를 위반한다.

7. 결론

● 이 사건 법률조항 등은 헌법에 위반하여 청소년들의 생명권과 환경권 등 기본권을 침해했기 때문에, 위헌 결정 또는 헌법 불합치 결정이 내려져야 한다.

제42조(기후변화대응 및 에너지의 목표관리) ① 정부는 범지구적

인 온실가스 감축에 적극 대응하고 저탄소 녹색성장을 효율
적·체계적으로 추진하기 위하여 다음 각 호의 사항에 대한 중
장기 및 단계별 목표를 설정하고 그 달성을 위하여 필요한 조
치를 강구하여야 한다.

제25조(온실가스 감축 국가목표 설정·관리)
[신규제정 2010] ① 법 제42조 제1항 제1호에 따른 온실가스
감축 목표는 2020년의 국가 온실가스 총배출량을 2020년
의 온실가스 배출 전망치 대비 100분의 30까지 감축하는 것
으로 한다.

[개정 2016.5.24] ① 법 제42조 제1항 제1호에 따른 온실가스
감축 목표는 2030년의 국가 온실가스 총배출량을 2030년
의 온실가스 배출 전망치 대비 100분의 37까지 감축하는 것
으로 한다.

[개정 2019.12.31] ① 법 제42조 제1항 제1호에 따른 온실가스
감축 목표는 2030년의 국가 온실가스 총배출량을 2017년의
온실가스 총배출량의 1000분의 244만큼 감축하는 것으로
한다.

아시아에서는 우리나라가 최초이지만, 이미 여러 나라에서 시민들
이 정부를 대상으로 기후소송을 제기한 상태입니다. 콜롬비아에서
는 시민들이 기후소송에서 승소하면서 법원이 정부에게 아마존 산
림 파괴에 대한 대책을 마련하라는 명령을 내렸고, 2019년 네덜란

드에서 있었던 '우르헨다 기후소송'은 '정부가 국민의 기본권을 보장하기 위해 기후위기를 막을 책임이 있다.'는 의미 있는 판결을 이끌어냈죠. 2021년 현재 각국에서 진행 중이거나 판결이 난 기후소송은 다음과 같습니다.[2]

| | |
|---|---|
| 네덜란드 | 네덜란드 대법원은 2019년 12월 20일 환경단체 우르헨다(Urgenda) 재단이 주도한 시민 소송에서 네덜란드 정부가 온실가스 배출량을 신속하고 과감하게 억제할 인권적인 의무가 있다는 하위법원의 판결을 확정했습니다. 우르헨다가 네덜란드 정부를 상대로 거둔 승소는 시민들이 그들의 정부가 기후변화를 방지해야 할 법적인 의무가 있음을 인정받은 세계 첫 사례로서 의미가 있습니다. |
| 벨기에 | 2015년 6월 1일, 11명의 벨기에 시민들이 발족한 '기후소송(Klimaat Zaak)'이라는 원고인단은 그들의 정부를 상대로 온실가스 배출량을 1990년 대비 2025년까지 최소한 42%, 2030년까지 최소한 55% 감축하라는 내용의 소송을 제기했습니다. 소송을 시작한 이후로 현재 60,000명이 넘는 사람들이 '기후소송(Klimaat Zaak)'의 원고인단에 참여하여 정부의 기후정책 개선을 촉구하고 있습니다. |
| 콜롬비아 | 2018년 1월, 25명의 콜롬비아 젊은이들이 콜롬비아 정부와 |

2  자료 정리: 청소년기후행동
(youth4climateaction.org)

**지구는 인간만 없으면 돼**

What we say

여러 지방 정부 그리고 기업들을 상대로 기후소송을 제기했습니다. 7세에서 25세 사이의 시민들로 구성된 원고인단은 정부가 기후변화 방지 의무를 제대로 이행하지 않고 있고, 2020년까지 아마존의 산림파괴를 근절하겠다는 목표에도 불구하고 산림파괴 속도를 늦추지 못하고 있어 국민의 환경에 대한 기본권을 보장하지 못하고 있다고 주장했습니다. 2018년 4월 대법원은 원고인단의 손을 들어주면서 정부에게 아마존 산림파괴를 해결할 수 있는 세부적인 계획을 수립하고 이행하라고 판결했습니다.

유럽연합　　2018년 5월, 어린이들이 포함된 10개 가족이 EU의회와 이사회를 상대로 기후변화 소송을 EU법원에 제기했습니다. 원고인단은 2030년까지 온실가스 배출량을 1990년 배출량 대비 40% 감축한다는 EU의 목표가 미흡하며 보다 과감한 목표가 필요하다고 주장했습니다. 2019년 5월 EU법원은 원고인단의 당사자 적격성을 문제 삼아 소송을 기각했습니다. 원고인단은 유럽사법재판소에 항소를 제기한 상태입니다.

인도　　2017년 3월, 인도의 9살 소녀 리디아 판데이는 정부를 상대로 환경재판소에 진정을 제출했습니다. 이 진정에서 판데이는 환경재판소가 정부에게 국제합의와 과학적인 기준에 맞는 탄소 감축 목표안을 마련하고 기후 회복을 위한 국가적인 계획을 수립하라 명령할. 것을 요구했습니다. 환경재판소는 이 사안이 이미 기존 환경 영향 평가에서 다뤄졌다며 진정을 기각했습니다.

뉴질랜드　　2015년 11월, 뉴질랜드의 법대생 사라 톰슨은 정부의 기후 보호 목표가 미흡하다며 법원에 소송을 제기했습니다. 법원은 뉴질랜드 기후변화 장관이 2050년 국가 기후보호 목표를 제대로 검토하지 않아 위법에 해당함을 인정했습니다. 하지만 법원은 뉴질랜드의 새 정부가 2017년 10월에 출범하고 2050년까지 탄소중립성 목표를 실행하겠다고 약속함에 따라 정부에 다른 특정한 명령을 내리지는 않았습니다.

스위스

2017년 5월, 고령의 스위스 여성들로 구성된 원고인단은 2020년과 2030년까지 계획된 국가의 기후보호 목표가 즉각적으로 상향조정되어야 한다며 스위스 연방정부와 3개의 관련 정부처를 연방행정법원에 고소했습니다. 2018년 11월, 연방행정법원은 이들 여성이 정부의 기후변화 완화 조치로 인해 특별한 피해를 봤다고 보기 어렵다며 소송을 기각했습니다. 원고인단은 2019년 1월, 스위스 대법원에 항소하였고 판결은 아직 내려지지 않았습니다.

미국

2015년, 21명의 젊은이들이 미국 연방정부를 상대로 기후변화 소송을 오리건주 연방지방법원에 제기했습니다. 이듬해 오리건주 연방지밥법원은 소송을 각하해달라는 정부의 요청을 거부했습니다. 그 이후로 트럼프 행정부는 여러 차례 재판 유예 신청을 했으나 제9연방순회항소법원과 대법원에 의해서 기각되었습니다. 트럼프 행정부는 제9연방순회항소법원에 항소했습니다.

# 기후위기에
# 무관심한
# 정부에게

# 미래는
# 없다

피티인

2020년 10월, 21대 국회는 '기후위기 비상 대응 촉구 결의안'을 의결했습니다. 정부 차원에서 기후위기 대응을 공식화한 나라는 우리가 16번째입니다.

국회 결의안에는 "대한민국 국회는 이상기후 현상 등 기후변화 문제가 나날이 심각해지는 현 상황을 '기후위기'로 인식하고, 우리나라가 세계 11위 수준의 대표적인 온실가스 다배출 국가이자 여전히 온실가스 배출량이 증가추세에 있는 것을 인식하며, 파리협정의 당사국으로서 파리협정의 목표와 '기후변화에 관한 정부 간 협의체(IPCC: the Intergovernmental Panel on Climate Change)'의 〈지구온난화 1.5℃ 특별보고서〉의 권고에 따라 기후문제를 해결하여 미래 세대에게 지속가능한 삶과 더 나은 대한민국을 물려주고 지구환경 보호, 기후변화로 심화되는 사회적 불평등 해소를 위한 결의를 채택한다."고 밝히고 있습니다.

결의안 채택으로부터 2일 후에는 전국의 청소년들이 국회가 실질적인 변화와 행동에 나서기를 촉구하며 집회를 열기도 했습니다. 세계 기후행동의 날을 맞아 전 세계 2천여 개 도시의 청소년들과 함께 온라인 집회를 연 것이죠.

미래를 위한 금요일 시위, 기후소송, 기후위기 비상 대응 촉구

결의안 채택, 기후를 위한 결석 시위로 이어진 활동으로 인해 달라진 점이 있을까요? 안타깝게도 아직 변화의 조짐은 보이지 않습니다.

기후위기의 가장 큰 피해자이자 당사자로서 적극적으로 목소리를 내고 있는 청소년기후행동의 성경운, 김도현 활동가로부터 기후위기에 대한 위기 의식과 10대 환경운동가들이 주장하는 바, 기업과 정부에게 요구하는 점 등을 들어봤습니다.[1]

**인터뷰이 김도현**
만 17세. 고작 7, 8년 사이에 이렇게 기후가 많이 바뀌었다는 게 잘 믿기지 않습니다. 이제는 겨울에 눈을 보기도 힘들죠. 같은 장소에 여행을 가도 예전처럼 눈 내리는 풍경을 볼 수 없을 것이라는 생각을 하면 슬퍼집니다. 기후소송을 통해 내가 사랑하는 추억과 장소들, 우리가 살아가는 땅을 지키고 싶습니다.

**인터뷰이 성경운**
만 20세. 기후변화의 민낯을 마주했을 때 느낀 감정은 왜 그동안 아무도 나에게 기후변화의 시급성과 불평등에 대한 이야기를 해주지 않았는가에 대한 충격과 배신감. 그리고 나의 미래와 직결되는 문제를 모른 체 하며 얼렁뚱땅 넘어가려는 모습에 대한 분노, 보장할 수 없는 안위에 대한 공포였습니다. 그저 소소한 일상을 꿈꾸고 싶은데, 그게 어려운 일이 되어버렸네요.

---

1   이 인터뷰는 〈월간 수학동아〉 2020년 7월호에 실린 기사를 보완, 재구성했습니다.

1. 지난 2020년 3월 13일, 정부를 상대로 헌법소원을 청구했습니다. 기후변화에 대한 정부의 안일한 대응이 헌법에 위반된다는 사실을 언제, 어떻게 알게 되었나요?

공통   소송 이야기가 나온 지는 1년이 조금 넘었어요. 처음에는 기후변화를 막기 위해 법적인 절차를 밟는다는 게 생소하기도 했고, 과연 소송을 통해 우리가 원하는 변화를 얻어 낼 수 있을지 확신이 없었죠. 하지만 결석 시위, 거리 캠페인 등 활동을 하면서 우리를 돕겠다는 변호사들을 만났고, 그들의 도움으로 소송 계획을 구체적으로 짤 수 있었습니다.

  2020년 1월, 온실가스 감축 목표를 정해 놓은 법률을 세세하게 보면서 생명권·환경권·행복추구권 등 우리의 헌법적 기본권이 침해당하고 있다는 사실을 알게 되었어요. 그러면서 우리가 승소할 수 있겠다는 희망과 가능성이 생겼고, 실제 헌법소원까지 청구하게 되었습니다.

2. 현재 헌법소원은 어떻게 진행되고 있나요?

공통   2020년 3월 13일에 헌법소원을 청구한 후, 3월 24일 사전 심사를 통과해 심판회부 결정이 났습니다. 헌법재판소에서 심판하기에 적당한 문제라고 판단하고 본격적인 심사에 들어간 것이죠. 그러나 이후 정부에서는 답이 없었고, 우리는 2020년 10월 19일에 정부와 국회에 헌법소원에 대

한 답변을 요구하는 촉구서를 제출했습니다. 지금도 우리
는 국회와 정부의 답변을 기다리고 있어요.

**3. 코로나19 사태로 헌법소원 이후 대외적인 활동이 많이 축소됐
을 것 같아요. 현재 상황은 어떤가요?**

공통

2020년 상반기에 '기후를 위한 결석 시위'를 열려고 했지
만, 코로나19 사태 때문에 아쉽게 취소할 수밖에 없었습니
다. 대신 온라인 활동을 주로 진행하고 있습니다. 총선 시
즌에는 기후위기 관련 정책을 제시하는 후보와 정당에 투
표하자는 내용의 글을 언론에 기고하고, 관련된 콘텐츠를
SNS에 게시했죠.

　　해외 환경 단체들과도 활발하게 연대하고 있는데, '350.
org'라는 단체의 웹세미나에 참여해 우리가 청구한 헌법
소원을 소개하고, 전 세계 '미래를 위한 금요일(Fridays for
future)' 지부들이 함께 하는 회의를 통해 온라인 시위 계획
을 논의하기도 했습니다.

　　또 2020년 9월 22일부터 10월 26일까지 한 달간 국회
의원 15인에게 기후위기 대응을 촉구하는 '행운의 편지'를
보냈습니다. "이 편지는 스웨덴에서 최초로 시작되어 청소
년들의 목소리를 따라 지구를 8바퀴 돌았으며, 35일 안에
당신 곁을 반드시 떠나야 합니다. 당신은 그 기간 안에 편
지 말미에 적힌 지시를 충실히 따라야만 기후위기가 가져

올 저주를 피할 수 있습니다."라는 문구로 시작되는 편지
인데, 기간 내에 답장을 보내온 국회의원은 정의당 장혜영
의원 1명뿐이네요.

**4. 헌법재판의 경우 국가기관이 재판의 결과에 따르지 않아도 강
제적으로 따르게 할 수 없다는 한계가 있는데요, 이 한계를 어떻게
극복할 수 있을까요?**

공통     맞습니다. 위헌 판결이 나더라도 이후에 법을 고치는 건 국
회의 몫이기 때문에 우리가 원하는 변화가 일어날 거라고
완전히 확신할 수 없는 상황이죠. 그래서 기후위기 문제에
관심을 가지고 있는 국회의원들을 대상으로 한 캠페인을
이어나가려고 합니다. 21대 국회의 임기가 시작되는 시기
를 잘 활용해서 헌법소원의 취지에 공감하는 의원들을 늘
리고, 기후위기 대응에 있어 입법의 역할이 얼마나 중요한
지 설득해 나갈 계획입니다.

**5. 청소년기후행동(이하 '청기행')에 어떻게 합류하게 됐는지 궁금
합니다.**

경운     사실 '기후변화'라는 말 자체는 아주 어릴 때부터 질리도
록 들어왔는데, 시급성을 인식한 건 한 책의 부록에서 본
글 때문이었습니다. 북극곰을 지켜달라는 뻔한 이야기가
아니라, 이대로 가면 가파른 온도 상승을 막을 수 없음을

수치와 그래프로 보여주고 있었습니다. 2011년에 번역본이 나온 책이었으니 원서는 그 전에 출간되었을 거예요. '내가 11살이던 때보다 훨씬 전에 쓰인 책에서 이렇게 다급하게 기후위기를 이야기하고 있는데, 지금은 도대체 어떤 상태라는 말인가? 10년이 지나도록 왜 아무것도 바뀌지 않은 걸까? 왜 그동안 아무도 내게 이런 이야기를 해 주지 않았을까?'하는 의문이 생겼어요. 그대로 두고 볼 수 없었고, 말만 할 게 아니라 정말로 변하자고 요구하고 싶어서 청기행에 합류해 활동하고 있습니다.

도현　2018년 여름, 해외 청소년들이 기후변화를 막기 위해 결석 시위를 한다는 뉴스를 접했습니다. 그때까지는 기후변화가 개인의 문제, 생활 습관을 바꾸면 해결할 수 있는 문제라고 배워왔기 때문에 시위를 통해 정부에게 책임을 묻는다는 것 자체가 의아했습니다. 궁금한 마음에 자료를 찾아보고 공부하면서, 기후변화가 구조적인 문제라는 걸 깨달았죠. 그러다 비슷한 문제의식을 느끼고, 행동하고 있는 또래 청소년들을 찾아 합류하게 되었습니다.

**6. 활동을 하면서 기후변화와 관련해 가장 놀라웠던 사실과 경험은 어떤 것인가요?**

경운　심각한 줄은 알았지만 이토록 시급한 줄은 몰랐어요. 저도 예전에는 기후변화를 언젠가 과학기술이 발달해서 해결

©청소년기후행동

What we say

될 수 있는 문제 정도로 생각했어요. 그러나 시간 제한이 있는 문제이고, 해결을 위해 노력할 수 있는 시간이 10년도 남지 않았다는 예측들이 절망스러웠습니다. 넉넉하게 10년 으로 잡아도 그때의 저는 아직 서른일 텐데, 솔직히 앞이 안 보이는 느낌이에요.

도현   청소년기후행동 멤버들과 함께 제주도로 현장 답사를 간 적이 있어요. 그때 만난 해녀 분은 기후변화의 영향으로 산호초가 하얗게 변해 죽어가고, 많은 해양 생태종이 사라 지고 있다는 얘기를 해주셨죠. 수도권에 살다 보니 생태계 파괴를 직접 볼 기회가 없었는데, 바다를 비롯한 우리 주 변 환경은 이미 기후변화로 고통 받고 있다는 게 실감나서 충격을 받았습니다.

**7. 활동을 하면서 기후변화와 관련한 여러 가지 공부를 했을 것 같 아요. 가장 많이 공부하고 고민을 한 분야가 있다면 무엇인가요? 또 그렇게 알게 된 사실 중 가장 알리고 싶은 사실이 있다면요?**

경운   특별히 고민을 한 분야가 있다기보다는 정말 여러 분야가 기후위기와 관련이 있고 그만큼 다양한 사람들이 기후위 기에 대해 논의하고 있다는 점을 말하고 싶습니다. 기후위 기를 흔히 환경문제로 여기지만, 멀지 않은 미래에 대한 이 야기이자 사회적인 변화에 대한 이야기라고 생각합니다. 결국은 모두의 문제입니다. 활동을 하면서 인권, 종교, 노동, 보건, 농업 등 여러 분야에서 종사하는 분들을 만났는데, 다양한 각도에서 기후위기를 바라보면서 좀 더 깊이 있게 이해하고 더 많은 고민을 하는 계기가 되었습니다.

도현 　기후위기의 주범인 석탄화력발전소에 대해 말하고 싶습니다. 우리나라 온실가스 전체 배출량 중 무려 4분의 1이 석탄화력발전소에서 나와요. 그런데도 정부는 아직도 7기의 발전소를 새로 짓고 있고, 우리나라의 어떤 기업들은 인도네시아 같은 동남아시아 국가에 발전소를 짓는 사업을 하고 있습니다. 청소년들의 미래를 생각하면 정말 암울한 일이며, 경제적으로도 절대 이익이 되는 선택이 아니라고 생각해요. 세계적으로 많은 나라와 기업들이 석탄 발전은 전망이 좋지 않다고 판단하고, 재생에너지로 바꾸는 추세입니다. 그런 시대의 흐름을 무시하고, 계속 석탄화력발전소를 돌리는 건 정말 안일하고 무책임한 행위라고 봐요.

**8. 청기행 활동을 하며 어려웠던 점은 무엇인가요?**

경운 　개인적으로, 우리의 메시지를 전하는 방법에서 기술적인 어려움을 느낍니다. 사람들이 우리가 무슨 말을 하는지보다 우리가 누군지에 더 집중하는 경우가 많아요. 어떻게 해야 '청소년인데도 이런 문제에 관심 갖고 목소리를 내다니 기특하구나!'에서 끝나지 않고 주체적이고 마땅한 존재로 받아들여질지 항상 고민합니다.

도현     고등학생으로서 학업과 청기행 활동을 병행하기가 어려웠
습니다. 일례로 헌법소원 기자간담회를 준비하는 과정에서
도 멤버들의 일과가 끝나고 밤늦게까지 회의를 하는 일이
많았어요. 행사를 준비하고, 발언문을 쓰고, 언론 인터뷰
를 하는 등 해야 할 일은 많은데, 시간적 제약이 있으니 버
겁더라고요.

**9. 미래를 살아가야 할 세대로서, 가장 위협적으로 다가오는 변화
는 무엇인가요?**

경운     '알 수 없다'는 점이 가장 무서워요. 조심스럽지만 코로나
19와 비유하면 쉬울 것 같은데요, 전염병에 의해 이렇게까
지 삶의 형태가 변화하고 다양한 곳에서 예기치 못한 피해
가 발생할 줄은 누구도 예상하지 못했을 거예요. 기후위기
로 인해 우리는 이미 이상 기후, 온열질환, 작물 재배지 변
화, 생태계 변화 등 자연과 사회의 다양한 현상들을 겪고
있습니다. 그런데 더 두려운 것은 앞으로 기후위기가 얼마
나 더 큰 변화를 불러올지 상식적으로 예측할 수 없다는
점입니다.

도현     기후위기로 인해 사회 불평등이 더 심화될 것이라는 사실
이 두려워요. 기후변화는 모두에게 똑같이 다가오지만, 연
약하고 가난한 이들에게는 더 큰 타격을 줍니다. 2018년
폭염이 닥쳤을 때, 건설 현장에서 일하다가 쓰러진 분들과

에너지 빈곤층에 대한 뉴스를 반복적으로 접하면서 심각성을 느꼈어요. 기후위기가 이대로 더 심각해진다면, 우리 모두는 정의롭고 좋은 사회에 살 수 없게 될 거예요.

**10. 기후변화가 미래세대의 삶을 어떻게 바꿔놓을까요?**

경운   당연할 줄 알았던 일상이 무너지고 나와 내 주변 사람들이 안전하지 못할 수도 있다고 생각합니다. 2019년 겨울, 철새가 많이 와서 가장 시끄러워야 할 11월 초의 바닷가가 조용해졌다는 소식이 충격적이었어요. 이렇게 일상적인 것들부터 무너지기 시작해 폭염과 극단적인 기상 현상이 일상이 되면 우리의 사회 기반도 망가질 수 있다고 생각해요.

도현   기후변화가 지금 속도로 진행된다면, 안전한 미래가 보장되지 않을 거예요. 폭염이나 산불 같은 재해가 지금보다 훨씬 자주, 더 강하게 닥칠 테니 늘 생존과 안전을 걱정해야 할 상황에 놓일 지도 모릅니다. 2050년이면 우리나라에서 해마다 약 13만 명이 침수 피해를 입을 거라는 연구 결과도 있는데, 그때 우리는 겨우 40대예요.

**11. 기후변화를 막기 위해 가장 먼저 실행해야 할 정책은 무엇일까요?**

경운   무엇보다 국제 사회가 약속한 1.5도 목표에 맞춰 온실가스 감축 계획이 세워져야 합니다. 지금의 배출량과 정책으로는 지구 기온이 3도 이상 올라버릴 거예요. 우리나라의 온실가스 배출량은 매년 예외 없이 증가하고 있습니다. 소극적인 감축 목표를 세웠지만 이것마저 지키지 못하고 있는 셈이에요.

도현 충분한 수준의 온실가스 감축목표가 세워지는 것도 중요하지만, 제대로 지켜지는 게 더 중요하다고 생각합니다. 감축 목표를 달성하기 위한 구체적이고 체계적인 계획이 필요해요. 정부는 2010년에 세운 온실가스 감축목표를 지키지 못할 상황이 되자 아무런 설명도 없이, 없던 일처럼 폐기해버렸어요. 이런 일이 다시는 일어나서는 안 됩니다.

### 12. 기후변화를 막기 위해 10대들이 당장 실천할 수 있는 일은 무엇이 있을까?

경운 익숙히 들어왔던 '작은 실천'들, 즉 텀블러, 에코백 사용, 전기 절약, 대중교통 이용 등은 계속 해야겠죠. 하지만 안타깝게도 이런 개인의 실천으로 기후위기를 막기란 현실적으로 불가능합니다. 너무나 거대한 문제인 기후위기는 좀 더 근본적이고 구조적인 변화가 필요해요. 모두 함께 공부하고, 이야기하고, 알리는 것이 먼저가 아닐까요?

도현 일상적인 실천에서 더 나아가 사회적인 행동에 나설 필요가 있습니다. 예를 들면, 기후위기 정책을 제시하는 후보와 정당에 투표하도록 부모님을 설득하고, 환경 단체를 후원하거나 관련 캠페인에 참여할 수 있겠죠. 청소년기후행동에서 진행하고 있는 온라인 지지 서명 캠페인에도 관심을 가지고 더 많이 참여해주었으면 좋겠습니다.

기성세대가
그랬던 것처럼,
우리도
미래를 마음껏
꿈꿀 권리가
보장돼야
합니다

# 청소년기후행동 활동가들의 릴레이 미니 인터뷰

'우리에게는 미래가 없다'고 말하며 '미래세대'라 불리길 거부하는 청소년들. 스스로를 '현재세대'라고 명명하며 세상에 기후위기의 심각성을 알리고 있는 10대 활동가들의 이야기를 들어봤습니다. 기후위기에 관심을 가지게 된 계기부터 활동을 통해 이루고 싶은 목표, 사회가 해결해야 할 과제 제시까지 기후위기 시대를 살아갈 이들의 목소리에 귀 기울여보세요.

**인터뷰이 권빈**(이하 '권')
유튜버, 프로듀서를 꿈꾸는 10대 환경운동가입니다. 더 이상 지구를 걱정할 필요가 없는 미래가 왔으면 좋겠습니다.

**인터뷰이 김승현**(이하 '현')
19세. 글쓰기를 좋아하고, 모두가 공존할 수 있는 세상이 오기를 꿈꿉니다.

**인터뷰이 김지영**(이하 '영')
21세. 자전거 타기, 그림 그리기, 보사노바 음악 듣기, 상상하기를 좋아합니다.

**인터뷰이 남다희**(이하 '남')
20세. 사회문제에 관심이 많습니다. 같이 사는 강아지와 산책하는 걸 좋아합니다.

**인터뷰이 변유경**(이하 '변')
18세. 라디오로 음악을 들으며 꽃 가꾸는 일을 좋아합니다.

**인터뷰이 왕예주**(이하 '왕')
19세. 초록색깔 지구를 꿈꿉니다. 그림 그리기, 프로젝트 만들기, 환경에 대해서 배우기, 노래 듣기, 영화보기를 좋아합니다.

**인터뷰이 이소희**(이하 '희')
20세. 노래 부르기를 좋아합니다.

**인터뷰이 이현정**(이하 '정')
16세. 노래 듣기, 책 읽기를 좋아합니다. 청소년기후행동의 원고 19명 중 최연소로 참가하고 있습니다.

기성세대가 그랬던 것처럼, 우리도 미래를 마음껏 꿈꿀 권리가 보장돼야 합니다

**1. 기후위기에 관심을 가지게 된 특별한 계기가 있나요?**

변 유튜브에서 바다거북이 코에 빨대가 낀 채로 피를 흘리는 모습을 보고 충격을 받았어요. 자료를 찾다 보니 해양 쓰레기의 양이 생각 이상으로 많다는 것을 알게 되었습니다. 이후 환경문제에 관심을 가지며 기후위기에 대한 책 등을 접하면서, 모든 문제를 총체하는 기후위기에 대한 인식이 매우 부족했음을 깨닫고, 관심을 가지게 되었습니다.

왕 중학생 때부터 환경에 관심이 있었는데, 우연히 그레타 툰베리의 TED 연설을 인상 깊게 보고 관심을 더 가지게 되었습니다.

남 고등학교 1학년 때 피터 싱어의 《동물 해방》을 읽고 비건이 되었고, 본격적으로 동물권 운동을 하겠다고 다짐했습니다. 동물권에 대해 공부할수록 기후변화와의 연관성이 보였습니다. 동물권을 외치는 사람으로서 무시할 수 없는 문제였죠. 기후변화에 대응하지 않으면 모든 존재에 의미가 없으니 말입니다. 그래서 동물권부터 기후위기까지 전면적으로 관심을 가지게 되었습니다.

영 2019년 상반기에 제로웨이스트 활동을 하는 다른 학교 친구를 사귀게 되면서 자연히 제로웨이스트에 관심을 가지게 되었습니다. 그즈음 기후위기에 대한 이야기가 터져나오고 있었는데, 저는 지나가듯이 용어만 알고 있는 상황이었습니다. 그러다 영어 수업시간에 우연히 '기후위기'를 주

견미, 김승현, 김지용, 남다희, 박유경, 심예주, 이소희, 이하경

제로 발제를 하게 되었습니다. 자료를 찾고 조사하다가 이 주제에 몰입하게 되었고, 트럼프의 파리기후협약 탈퇴 선언에 분노했습니다. 과학자들의 연구 결과가 현실로 이어질까 두려워지기도 했고요. 그 후 9월 27일에 열린 기후를 위한 결석 시위에 참여했는데, 발언하고 행동하는 친구들을 보고 자극을 많이 받았습니다.

희  어렸을 때부터 죽어가는 북극곰들의 모습을 볼 때마다, 지구의 온도가 1도씩 올라가고 있다는 소식을 들을 때마다 마음이 아팠습니다. 이게 나의 문제라는 것을 자각하면서 나와 지구를 위해 실천할 수 있는 것들을 하나씩 해나가야겠다는 다짐을 했습니다.

정  뉴스 등 매체에서 봄·가을이 짧아지는 이유가 기후위기 때문이라는 말을 듣고 기후위기에 관심을 가지게 되었습니다. 그런데 이에 대응하지 않고 석탄발전소를 늘리기만 하는 현실, 미세먼지 문제와 기후 문제가 점점 심각해지는 것을 느끼며 미래가 걱정이 되었습니다.

현  언젠가부터 여름을 견디기 힘들더라고요. 저는 그냥 단순히 저의 체질 변화 때문이라고 생각했는데, 그게 아니라 기후변화 때문이라는 것을 인터넷 기사를 통해 알게 되었어요. 사실 그 기사를 봤을 때도 안일한 생각으로 '나아지겠지'라고 생각했어요. 그런데 저에게 닥친 일만을 봤을 때도 과거 혹은 미래의 이야기가 아니라, 현재 벌어지고 있는 실제상황인 거예요. 그래서 더 큰 관심을 갖게 되었고, 9월 시위를 계기로 저도 기후행동을 해야겠다는 결심을 했어요.

권 　 초등학생 때도 관심은 있었지만 그저 호기심 정도였어요. 그러다 중학교 때 싱가포르에 견학을 갔었는데 환경에 대한 지극한 태도를 보고 놀랐죠. 거기서 감명 받아 기후 운동에 동참해야겠다는 생각을 하게 됐어요.

## 2. 활동을 통해 개인적으로 이루고자 하는 목표가 있다면?

변 　 최종 목표는 지구의 평균 기온이 최소 지금 정도로만 유지되는 것입니다. 최종 목표를 이루기 위해선 지금보다 더 많은 사람들이 기후위기의 심각성을 깨달아야 한다고 생각해요. 여기에 도움이 되고 싶습니다.

왕 　 청소년기후행동을 통해 같은 뜻을 가지고 있는 동료들을 만나서 힘을 얻을 수 있었어요. 이들과 함께 우리의 목소리를 세상에 알리고, 변화하는 사회를 직접 보고 싶어요.

남 　 인간과 비인간이 공존할 수 있는 세상을 만들고 싶습니다. 본래 주어진 아름다운 자연을 되찾아 인간은 물론 동물, 모든 생명이 고통 받지 않는 그런 세상을 만드는 데에 힘을 보태고 싶어요.

영 　 내가 하는 실천들(제로웨이스트, 채식 등)이 당연시 여겨지는 환경이 되면 좋겠습니다. 가까운 사람들, 가족들이 기후위기에 공감할 수 있었으면 좋겠고요. '피곤하게 산다', '어차피 큰 의미 없다', '나 사는 동안은 지장 없다' 등 무책임한 말도 더 듣지 않았으면 합니다.

희  이렇게 청소년들이 모여 기후변화로부터 우리의 삶과 환경을 지키고자 많이 노력하는 것을 더 많은 사람들이 알고, 다 같이 실천하고 함께했으면 좋겠습니다. 또 또래 청소년들도 우리 활동에 관심을 가지고 더 많이 참여했으면 좋겠습니다.

정  기후변화가 더 심해질 때까지 손 놓고 모른 체하면 안 된다는 것을 깨달은 순간, 세상에 우리의 목소리를 내어야겠다고 생각했습니다. 그래서 최대한 많은 사람들이 기후변화의 심각성을 깨닫기를, 모두 함께 힘을 모아 조금이라도 기후위기를 막을 수 있기를 바랍니다. 이것이 제가 활동하는 목표이기도 해요.

현  과거의 저처럼 '누군가 해주겠지'라는 생각을 갖고 있는 사람들과 함께 행동하고 싶어요. 저 혼자 사회구조를 바꾸는 것, 목소리를 내는 것은 어려운 일이란 것을 알기에 더 많은 이들과 같이 연대하고자 하는 바람이 있어요.

권  우리나라가 탈석탄 사회로 전환하면 좋겠어요.

3. 자신이 속한 지역에서 가장 시급하게 해결해야 하는 과제는 무엇입니까?

희    제가 살고 있는 경기도 양주시에는 신천 오염문제가 있습니다. 주변에 있는 지역들의 물이 흘러 한탄강으로 유입되는데, 주변에 공장이 많이 있어서 오염된 물이 하천으로 들어가는 것이죠.

권    길거리에 쓰레기통이 별로 없어 땅에 널브러진 폐기물들이 많아요. 쓰레기통을 좀 널리 보급해서 더 이상 길거리 폐기물이 발생하지 않았으면 좋겠어요.

정    제가 사는 세종시에는 환경부를 비롯한 정부 청사가 있어요. 환경부나 그 외 기후위기와 관련된 정책 결정권자들이 기후변화를 조금이라도 막을 수 있는 구체적이고, 실현 가능성 높은 대책을 세워야 한다고 생각합니다.

현    기후변화는 모두의 삶과 관련이 있지만, 특히 약자들에게 더 가혹해요. 그렇기에 당장 정부가 대응을 해야 한다고 생각합니다.

공통   환경문제를 거리에서 캠페인으로, 또는 특정 이슈로만 바라보는 것도 문제라고 생각해요. 우리 정부는 물론, 세계의 많은 나라들이 개발만이 중요하다고 여기는 것 같아요. 모든 이의 삶을 혼란스럽게 하고, 위협하는 기후위기에 대해서는 제대로 된 정책이 없더라고요. 정말 크고 중요한 문제인데 각자 일상에서 작은 실천이나 하라는 것은 모순적이라고 생각합니다.

변 각 지역 단위나 시민단체 차원에서 기후위기의 심각성을 경고하는 것도 중요하지만 전국적으로 사람들이 기후위기의 심각성을 깨닫도록 하는 것이 더 시급하다고 생각합니다.

남 변화를 이끌어내려면 인식의 개선이 우선되어야 합니다. 인식 개선이 있으려면 관련 정보를 지속적으로 접할 필요가 있습니다. 저도 기후위기에 대해 뒤늦게 관심을 가진 편이에요. 학교나 가정에서는 그 누구도 제게 기후위기에 대해 알려주지 않았거든요. 전 세대를 대상으로 더 적극적인 정보 전달이 필요하다고 생각합니다. 희망적인 위로의 말보다는 솔직하게 현실을 말해야 해요. 파괴된 지구에서 살지, 평화로운 지구에서 살지 선택할 기회는 주어야 하지 않겠습니까?

영 기후위기에 대해 아예 모르는 사람이 많습니다. 환경 파괴나 생태계의 피해가 심각하다는 걸 느끼고는 있지만 기후위기가 당장의 문제라고 느끼지 않는 사람들이 대다수인 것 같습니다. 그런데 모든 문제가 그렇듯, 현실을 냉정하게 이야기하면 들으려 조차 하지 않아요. 자신이 부정당하거나 단죄당하는 느낌이 드는 걸까요? 그래서 저는 사람들이 이 문제에 관심을 가지고 귀담아 들을 수 있도록, 장벽을 낮춰야 한다고 생각합니다.

권빈, 김승현, 김지영, 남다희, 박유정, 왕예주, 이소희, 이하정

지구는 인간만 없으면 돼

기성세대가 그랬던 것처럼, 우리도 미래를 마음껏 꿈꿀 권리가 보장돼야 합니다

4. 기후위기 경고 활동과 관련하여 기억에 남는 에피소드가 있으면 이야기 해주세요.

변   청소년기후행동의 광화문 시위에 참여하고 싶었지만, 부모님의 만류로 현장에 갈 수 없었어요. 저는 당시에 중학교 3학년이었고, 고등학교 입시를 위해 기말고사를 준비해야 했거든요. 그래서 저는 학교에서 1인 캠페인을 진행했습니다. 버려진 박스를 잘라 '10년 후 멸종위기종'이라는 문구를 적어 점심시간 동안 학교를 돌아다녔어요. 무슨 의미인지 묻는 친구들이 꽤 있었는데요, 저는 지금 우리의 기후 상태라면 10년 후 인간이 멸종위기종이 되어버릴 수 있다고 말하면서 생활 속에서 실천할 수 있는 일들을 알려줬어요.

왕   기후위기에 대한 글을 쓰다가 문득 '정말로 나에게 주어진 시간이 10년밖에 없다면 어떻게 하지?'라는 의문이 들었던 적이 있어요. 그 순간 갑자기 머리가 하얘지고 눈에 눈물이 고이더라고요. 무서웠어요. 지금도 저는 사람들의 예측이 현실이 될까봐 너무 두려워요.

남   매년 3월 28일 지구의 날, 저녁 8시부터 1시간 동안 불을 끄는 소등 행사가 있습니다. 전 세계적으로 시행되는 캠페인으로 유명한 랜드마크들도 불을 끈다고 해요. 청소년기후행동에서도 이 캠페인에 참여하고 인증 사진을 공유했어요. 8시가 되자 인증 사진이 하나둘 올라오는데 각기 다른 지역에 거주하지만 어둠 속에서 하나가 된다는 느낌이 왠지 모를 뭉클함으로 다가왔습니다. 여태껏 본 어둠 중 가장 아름다웠습니다.

영  청소년기후행동 단톡방에 들어가고 얼마 지나지 않았을 때, 기후위기에 대해 알면 알수록 이 문제가 너무 가깝게 느껴졌습니다. 당장 행동하고 싶고 화가 났습니다. 노동자가 출근을 하지 않고 파업하듯 청소년도 학교에 가지 않고 결석으로 의사를 표현하는 게 당연하다고 생각했습니다. 그런 저를 말리거나 협의점을 찾자는 선생님들의 말이 정말 듣기 싫었습니다. 그러다 기후행동단 운영팀의 공지를 읽었는데 조금 마음이 가라앉았습니다. 글의 내용은 '청소년기후행동은 학교와 싸우는 것이 아니라 미래를 위해 투쟁하는 것이니 학교를 설득하는 과정을 거치자. 체험학습과 같은 대안 수단을 고민하는 것도 필요하다.'는 것이었습니다. 앞만 보고 달려나가는 저를 누군가 붙잡아준 느낌이었습니다. 태도는 곧 예의이기도 하고, 이것이 결국에는 나를 위한 일임을 알게 되었습니다. 생각의 전환이 이루어진 계기였어요.

희  각자 아이디어를 내고, 적극적으로 피드백을 하고, 또 바로 캠페인을 펼치는 청소년기후행동의 멤버들이 너무 좋았습니다.

정  저는 참가하지 못했지만 '9.27 결석시위' 때 많은 분들이 함께해 주신 걸로 알고 있어요. 많은 분들이 저희를 지지하고 함께해 주셔서 희망을 볼 수 있었습니다. 코로나19로 부득이하게 참석하지 못한 '3.13 시위' 때도 여러 온라인 매체를 통해 저희의 목소리가 좀 더 알려진 것 같아 기뻤습니다. 멀리 떨어져 있는 청소년들이 같은 메시지를 전달하기 위해 모여서 직접 변화를 이끌고 기후위기에 대응할 수 있도록 목소리를 모으고 있다는 것 자체도 기분 좋았어요.

현    제가 참여한 첫 기후행동 시위를 잊을 수 없어요. 모두 모여 구호를 외치고 발을 맞추는 것은 물론, 내가 현재 필요한 것, 기후변화로 인해 생겨난 문제를 이야기하면서 혼자가 아님을 느꼈죠.

권    청소년기후행동의 다른 멤버들과 원고로 헌법소원을 청구했을 때가 기억에 남습니다. 뉴스와 신문 기사로도 다뤄져서 드디어 대중이 청소년기후행동에 대해 관심을 가지는구나, 싶어 기뻤어요. 하지만 기사 밑에는 조롱하는 댓글들도 많았고, 소셜미디어에서도 비꼬는 사람들이 많았어요. 아무래도 완전한 인식 개선은 멀었구나, 하는 생각이 들더라고요.

5. 기후위기를 경고하기 위해 개인적으로 실천하는 일이나 주변 사람들에게 권하고 싶은 행동이 있나요?

변    문득 매일 학원에서 사용하는 종이컵의 양이 상당하다는 걸 깨달았어요. 그 뒤로는 텀블러를 항상 들고 다닙니다. 그리고 더 많은 친구들이 청소년기후행동 활동에 관심을 가지고 작은 실천을 넘어 적극적인 변화를 촉구했으면 좋겠어요.

왕    탄소 배출을 줄이는 생활을 하기 위해 노력하고 있어요. 어디를 가든 텀블러를 가지고 다니고, 쓰지 않는 불은 무조건 소등하고요, 10~15분 거리는 걷는 습관을 들이고 있죠. 또 샤워는 10분 안에 하려고 노력하고, 고기보다는 채소 위주로 먹으려고 합니다.

남    양치할 때 컵에 물 받아서 쓰기, 비닐봉지 쓰지 않기, 텀블러 들고 다니기 등 간단하지만 지키기 어려운 것들부터 기본적으로 지키려고 합니다. 완벽히 실천하지 못했다는 사실에 자책하기보다는 더 나아지기 위해 노력하는 마음가짐이 더 중요하다고 생각합니다. 육류를 소비할 때 배출되는 탄소 양이 많다는 것을 알고 재미있게 비건 생활을 해보는 것도 추천합니다.

영    비건을 지향하는 사람으로 살기, 배달 음식 먹지 않기, 택배 최대한 받지 않기, 제로웨이스트로 장보기, 개인 용기 가지고 다니기, 자전거 타기, 중고책 사기, 물건 버리지 않고 팔기, 기후위기 관련 책 읽고 영상 보기 등을 실천하고 있어요. 또 기후위기와 관련된 지식을 SNS에 공유하는 일도 꾸준히 하고 있는데요, 청소년들이 선배세대보다 이 문제에 잘 공감해주는 것 같습니다.

희 필요 없는 불은 끄기, 양치컵 사용하기, 설거지할 때 세제
대신 설거지 비누 사용하기, 청소년기후행동에서 함께 행
동하기 등을 실천하고 있고, 주변에 권하고 싶어요.

정 비건으로 살아보기, 쓰레기 배출 덜 하기, 쓰지 않는 전기
코드 뽑아두기 등 어렵지 않은 것부터 차근차근 생활화하
고 있습니다. 그리고 주변 사람들에게 기후위기를 알리고,
기후 관련 소식이나 기사에 '좋아요' 누르기도 열심히 하고
있어요!

현 기후변화에 지속적으로 관심을 갖고, 각자 할 수 있는 행
동을 하기를 바라요. 저는 '관심'의 힘이 정말 크다고 생각
하거든요.

권 친구들한테 텀블러를 들고 다니라고 당부하고 있어요. 개
인적으로는 비건이 되기로 결심했고요.

**6. 앞으로 하고 싶은 일에 대해 말해 주세요.**

변 청소년기후행동에서 배우고 경험한 것을 주변에 알리고 싶
어요. 변화도 독려하고 싶고요. 고등학교에서 기후행동 동
아리를 개설하여 학교 친구들과 이야기 나누고 전교생에게
알리고 싶습니다.

왕 앞으로 어떤 분야에서 일하게 될지는 아직 명확하지 않지
만, 언제든지 제가 있는 위치에서 초록 지구를 위해 최선

을 다할 것입니다.

남   기후위기를 포함한 여러 사회 문제에 관심이 많아요. 대부분 사회 문제의 대상이 되는 사회적 약자의 권리를 찾기 위해 헌신하는 삶을 살고자 합니다. 세계화가 되어가는 만큼 대외적으로 연대하고 실질적인 행동 및 정책을 이끌어내는 일을 하고 싶습니다.

영   앞으로도 제가 할 수 있는 일을 꾸준히 할 거예요. 기후위기에 대한 생각을 글로 써서 SNS에 올리고, 잘 정리한 자료를 주변 사람들에게 보여주면서 설득하려고 합니다.

희   기후와 환경에 관심 있는 사람들을 더 모으고 싶어요. 같이 생각을 나누고, 해결방안을 찾아보고 싶습니다.

정   저를 비롯한 많은 사람들이 각자 꿈꾸는 미래가 있을 거라고 생각해요. 그 미래를 위해서라도 지금보다 좀 더 목소리를 내고 싶습니다.

현   저는 꿈이 많아요. 그 꿈을 하나씩 차근차근 현실로 만들고 싶어요.

권   지구 온난화에 대한 다양한 생각을 담은 음악을 작곡하고 싶어요.

**7. 또래나 선배세대에게 하고 싶은 말이 있다면요?**

변   친구들에게 기후위기의 심각성을 항상 일러주지만 그다지 심각하게 받아들이지 않더라고요. 그래서 기후행동을 하고 있는 선배세대들에게 자문을 구해 효과적인 방법으로 친구들에게 알리고 싶습니다.

왕     총선 때 후보들의 공약을 살펴보니 환경보호나 기후위기에 대응하는 내용은 그다지 많지 않더라고요. 특별히 그런 공약을 내세우는 정당 또한 사람들의 관심을 받지 못했고요. 현재 직접적인 영향력을 발휘할 수 있는 건 선배세대라고 생각합니다. 그런 그들이 기후에 더 많은 관심을 가져주었으면 합니다. 제 또래들에게도 당부하고 싶어요. '공부하고 꾸미기 바쁠 때인데 무슨 환경이야?'라고 생각할 수도 있겠지만, 이런 생각들이 쌓여 우리의 미래를 단축시키고 있어. 지구의 수명이 10년밖에 남지 않았다면 어떨 것 같아? 물론 이 모든 것이 우리의 잘못은 아니지만 우리는 미래를 개척해 나갈 사람들로서 관심을 가질 필요가 있다고 생각해. 그러니 기후위기라는 게 무엇인지, 어떻게 막을 수 있는지 정도는 나 자신의 미래를 위해서라도 알고 있길 바라.

남     살면서 많은 모순에 부딪히고 또 부딪히게 될 거예요. 제가 처음 마주친 모순은 동물권과 기후위기였어요. 지배적인 가치에 굴복하지 말고 스스로 옳다고 생각하는 것을 외치길 바랍니다.

영     기후위기에 대해 알아야 합니다. 우리가 살 미래이기도 하지만 당사자가 아니라고 묵인할 이야기도 아니잖아요. 우리는 알게 모르게 환경을 파괴하고 있어요. 인간은 지구에 태어난 이상 지구 환경에 나쁜 영향밖에 줄 수 없죠. 우린 그런 세상에 살고 있어요. 바라는 건 하나! 모르면서 무시하거나 넘겨 짚지 말고 일단 듣는 자세를 갖춰주세요.

희　친구들아, 이 지구는 우리가 살고 지켜나가야 할 곳이야. '나 하나쯤은 안 해도 괜찮잖아?'라는 생각이 아닌 '나 하나라도 노력해야지.'라는 생각으로 더욱 더 노력하고 관심을 가져주길 바라. 선배세대들은 우리가 이 땅에서 삶을 이어나갈 수 있도록 더욱 더 노력해 주시고 끝까지 도와 주시길 부탁드립니다.

정　기후변화가 계속된다면 현재의 어른들보다는 청년, 청소년, 한창 자라나는 아이들, 이후에 태어날 아이들이 더 오래 그 고통을 겪을 수밖에 없습니다. 우리에게는 미래에 안전하게 살 권리, 미래에 행복하게 살 권리가 있습니다. 그런데 지금 상태로 가다가는 그 권리를 누릴 수 없을지도 모릅니다. 우리는 우리의 권리를 지키고 안전하고 행복하게 미래를 지키며 살아가고 싶습니다. 이대로 계속 가다가는 되돌릴 수 없는 지경에 이를 수도 있어요. 또한 지구의 온도가 1.5~2도까지 올라가버리면 전 세계가 지금과는 비할 수 없이 큰 위험에 빠질 것입니다. 우리의 목소리에 귀 기울여 주세요. 우리와 함께해 주세요.

현　기후위기 문제에 대응하기 위해 행동한다는 것이 결석 시위를 하고, 오프라인 활동에 직접 참여하는 것만을 의미하지는 않는다고 생각해요. 기후위기 문제에 관심을 가지고, 심각성을 알아가는 과정도 하나의 대응이니 말이에요. 이미 우리가 처해 있는 상황이고, 해결해야만 하는 문제이기 때문에 항상 관심을 갖고 있어야 한다고 생각해요. 지구가 더 오염되지 않아야만 우리 스스로를 지킬 수 있고, 지금껏 해오던 공부도 계속할 수 있습니다. 공감해 주세요. 함께해 주세요.

권　지구 온난화는 몇 년 후 혹은 몇 십 년 후의 문제가 아니라 지금 우리가 당면한 문제예요. 아무리 청소년은 잘못이 없다 해도 책임을 기업이나 정부, 기성세대에게 전가하기보다는, 우리가 실천할 수 있는 행동을 뭐든 해보는 건 어떨까요?

**8. 다 하지 못한 말이 있으면 한마디씩 해주세요!**

변　제 소리를 전할 수 있는 기회가 생겨 좋았습니다. 더 많은 사람들이 우리의 목소리에 귀 기울이는 기회가 되었으면 합니다.

왕　제가 좋아하는 말이 있어서 소개합니다. "나는 늘 왜 누구는 그것을 바꾸기 위해 행동하지 않는지 궁금했어요. 그러다 어느 날 제가 바로 그 '누구'라는 것을 깨달았죠." 저를

깨우는 말이었어요. '누군가 하겠지'라는 생각에 쉽게 포기하는 경우가 많은데, 만일 모두가 그 생각을 하고 있다면 아무런 변화도 일어나지 않겠죠. 그러니 우리 모두 '누구'가 아닌 '내가'라는 마음을 가졌으면 좋겠어요.

남 이 글을 보는 사람들이 기후위기를 알고, 세상을 비판적으로 바라볼 수 있었으면 합니다.

영 책을 통해 기후위기에 대해 이야기할 수 있어서 좋습니다. 기후위기를 더 많은 사람이 알 수 있게 해주세요.

권 지구 온난화는 코로나19처럼 피해가 눈에 보이지 않기 때문에 심각성이 덜 느껴질 때가 많아요. 하지만 그렇다고 방심해서는 안 됩니다. 지구를 위해 하는 작은 실천들이 별것 아니라고 생각될 수도 있지만 10년이 지나 돌이켜 보면 굉장히 뿌듯할 거예요.

"깨끗한
공기를
마실 권리,

지켜주세요!"

# 15살 여민이가 대장들녘을 위해 싸우는 이유

기후위기의 원인은 여러 가지가 있지만, 그중 가장 큰 것이 '난개발'입니다. 우리나라도 예외는 아닙니다. 환경 보존과 개발 사이에서 갈등하지 않는 지역이 없을 정도니까요. 2021년 현재 우리나라에서 인구밀도가 가장 높은 도시 부천의 '마지막 녹지'라 불리던 부천 대장들녘 개발 문제가 최근 도마에 올랐습니다. 결국 신도시 정책이 채택되며 환경 보존을 주장하는 시민들의 의견은 묵살되었죠.

그럼에도 불구하고 대장들녘 지키기 활동을 계속하고 있는 10대 활동가에게 그 이야기를 들어보았습니다.

**최여민**
2013년부터 경기도 부천에 살고 있으며, 15살입니다. 부천 YMCA 등 23개 시민단체로 구성된 '대장들녘지키기 시민행동'에 참여하고 있고, 국가인권위원회에 '대장동 개발이 부천시민의 환경권을 침해한다'는 내용으로 진정을 내는 일에 참여했습니다.

자연이 살아 숨 쉬는 곳, 부천 대장들녘에서 열리는 모내기 행사에 간 적이 있습니다. 그곳에 사는 법정보호종인 맹꽁이나 멸종위기종인 금개구리를 보면서, 이 생명체들이 인간의 도시개발로 사라지게 되는 것이 너무나 싫었습니다.

### 누군가의 일이 아닌, 나의 일

정치인 탓, 어른들 탓을 할 문제가 아니었습니다. 내가 사는 곳이
니, 부천의 도시개발 문제는 이곳에 사는 나의 문제이기도 했죠. 들
녘에 서서 그곳의 바람을 맞으며, 물컹물컹한 흙냄새를 맡으며, 또
하늘을 나는 새들을 보며 이곳을 개발하는 것은 생명체들에게 엄
청난 위협이 될 거라는 생각을 하게 되었어요.

대장들녘은 동식물뿐 아니라 그 주변에 살고 있는 사람들에게
도 유일한 바람길인데, 이곳이 막힌다면? 생각만 해도 갑갑했죠. 부
천의 녹지율이 전국 꼴찌라고 합니다. 이 땅마저 개발한다면 금개
구리는 사라져 더 이상 볼 수 없게 될 테고, 미세먼지가 많은 부천
에서 사람들은 편히 숨 쉬지도 못할 거예요. 저처럼 천식이 있는 사
람은 더 위험해지겠죠. 여기까지 생각이 미치자 도시개발은 결코
함부로 할 일이 아니라는 걸 느끼게 되었습니다.

### 대장들녘 지키기 활동에 나서다

마침 부천의 시민단체들도 이 문제에 대하여 심각성을 느끼고 있
었습니다. 시민단체들은 주민들이 대장들녘을 좀 더 가까이 느낄
수 있도록 농사를 지어보는 행사를 열고, 비가 내리고 난 저녁 논
에서 울고 있는 수백 마리의 맹꽁이 소리 듣기 행사도 열었습니다.
저는 활동에 열심히 참여하며 다시 한 번 이 땅의 소중함을 느낄

수 있었죠.

한편으로는 정부에 이 상황을 알리기 위한 행동도 했습니다. 대장들녘 개발은 '주민이 행복한 환경에서 살 권리를 침해하는 것'이라는 뜻을 전달하려고 지역 어른들과 함께 국가인권위원회에 가서 기자회견을 열고 진정서를 접수했죠.

이런 활동에 참여하면서 내가 사는 지역의 환경이 이렇게 좋지 않았다는 것에 무척 놀랐습니다. 그럼에도 불구하고 이런 개발을 계속 추진하는 부천시와 국토부에 정말 따지고 싶을 정도로 화가 났고요. 도대체 이렇게 개발을 해서 얻는 게 무엇일까? 개발을 하지 않으면 우리가 잃는 게 무엇일까? 개발로 얻는 이익이 무엇인지는 자세히 모르지만, 그 이익이 사람의 생명이나 대장들녘에 살고 있는 생물들의 생명들보다도 더 소중한 것일까? 라는 의문이 계속 들었습니다.

**내가 꿈꾸는 세상은**

어린 시절 부모님이 일구시는 주말농장에 따라가면 하루가 다르게 쑥쑥 크는 새싹들이 정말 신기하고 예뻤던 기억이 납니다. 지금도 도시의 아스팔트 틈에서 자라는 작은 풀을 보면 자연스럽게 눈이 갑니다.

사람들이 눈에 보이는 물질적 가치만 추구하지 말고, 눈에 잘 띄지는 않지만 훨씬 더 가치 있는 것을 추구하는 삶을 살았으면 좋겠습니다. 그러면 인간과 자연도 서로 조화를 이루며 살 수 있을

텐데요, 현실은 그렇지 않습니다. 인간의 탐욕은 이미 자연을 짓밟고 파괴하고 있죠. 산이나 땅은 인간이 만든 것도 아닌데, 왜 누군가의 소유로 되어 있나요? 지구에 산다는 이유만으로 인간이 주인 행세를 할 수 있는 건가요?

결국 우리 인간도 그저 지구에 살고 있는 여러 생명체들 중 하나일 뿐이라는 것을 깨달았으면 좋겠습니다.

기업과 정부의 개발로 자연환경이 파괴되는 것을 볼 때면 화가 납니다. 환경을 생각하지 않는 기업들이나 정부에 따져 묻고 싶습니다. "왜 당신들은 '환경과 자연'이라는 숲은 보려 하지 않고, '개발 이익'이라는 조그마한 나무만 보십니까?"라고요.

국토부와 환경부는 왜 존재하나요? 후손들이 살 환경에 대해 생각하고 배려하는 행정과 정책을 펴기 위해 있는 기관 아닌가요?

물론 도시 개발을 통해 얻을 편리함을 포기하는 건 쉽지 않죠. 그러나 우리가 딛고 사는 이 땅은 우리의 것이 아님을 잊지 말아야 합니다. 잠시 빌려 쓰고 다음 세대에게 남겨주어야 하는 지구를 더 이상 파괴하지 마세요.

©흙여인

**What we say**

# 우리가
# 원하는 건?

# 기후
# 정의!

우리는 기후 정의를 요구하기 위해 35,000명과 함께 거리로 나왔습니다.

세계에서 가장 큰 파업이 벨기에서 시작됐습니다. 벨기에의 기후성적이 세계 꼴찌이기 때문입니다. 정부는 파리 협정에 합의하고, 우리의 미래를 책임지겠다고 약속했지만 그 약속을 지키지 않고 있습니다. 2030년 목표의 근처에도 못 가고 있죠.

기후위기 운동 현장에는 학생도 있고, 청소년도 있고, 노동자는 물론 교사까지 있습니다. 그런데 정치인들은 어디에 있죠? 정치인들은 기억해 주세요. 존재의 위기를 느끼는 세대가 있으니, 지금이야말로 명분을 가지고 용기 있게 나설 때입니다.

우리는 계속해서 파업하며 목소리를 낼 것이니, 시위가 잦아들기를 기다리는 건 소용없습니다. 기후변화에 대한 포부는 연설로 충분히 들었습니다. 그런데 우리는 말보다 행동을 중요하게 생각합니다.

우리가 원하는 건? 기후 정의입니다. 언제 원하냐고요? 바로 지금입니다![1]

---

1 기후 활동가 아뉘나 더 베버르가 2019년 3월 15일, 제 10회 청소년 기후위기 행동 (Global day for Climate) 현장에서 한 연설(출처: euronews.com, 번역: 바른번역 미디어)

**아뉘나 더 베버르(Anuna De Wever)**
벨기에에서 '미래를 위한 금요일' 운동을
이끄는 10대 활동가입니다. 2019년 10월,
칠레 산티아고에서 열린 2019 유엔 기후
변화 회의에 참석하기 위해 대서양 횡단 항
해를 한 가장 어린 기후 활동가였습니다.

©wikipedia

안녕하세요. 저는 아뉘나 더 베버르입니다. 오래 전부터 벨기에에
서 환경운동을 해왔습니다.

제가 초등학교에 다니던 일곱 살 아이였을 때 전교생이 함께 시
청에 가서 기후에 관한 노래를 불렀습니다. 가사는 이랬습니다.

> 우리는 정신 차리고 일어나야 합니다.
> 당장 눈을 뜨고 행동해야 합니다.
> 더 나은 미래를 만들어야 하고.
> 바로 지금 시작해야 합니다.

저는 이제 열여덟 살이고, 11년이 지난 지금까지 달라진 것은
아무것도 없습니다. 오히려 악화됐죠.

정치인과 정책 입안자들의 미래세대에 대한 이야기는 아주 먼

얘기처럼 들립니다. 우리와 별로 상관없는 것처럼 들리죠.

저는 정치인들이 말하는 바로 그 미래세대입니다. 지구 곳곳에서 일어나는 기후위기로 인한 피해들은 곧 저의 미래이고, 여러분 자녀의 미래입니다. 기후위기는 먼 미래의 얘기가 아닙니다. 지금 진행되고 있죠.

모잠비크에 사는 아이들은 해수면 상승으로 집이 물에 잠겼습니다. 도시는 허리케인에 휩쓸렸죠. 매년 기후변화로 인해 수백만 종의 동물이 죽고, 같은 이유로 인간도 매년 생명을 잃고 있습니다. 그런데 우리는 아직도 달라지지 않고 있습니다. 습관을 바꾸려 하지 않습니다.

이제는 솔직해져야 합니다. 우리 사회는 화석연료에 중독되어 있습니다. 그런데도 어째서인지 우리는 너무나 쉽게 편한 방식으로 돌아가버립니다. 문제를 보지 않으려고 눈을 감습니다. 정직하게 직면하지 않고, 닥친 위험을 피해 도망치려고만 합니다.

다행히 좋은 소식이 있습니다. 혁명이 일어나고 있거든요. 혹시 '기후 파업'에 참석해본 분 계신가요? 많이 계실 겁니다. 그래도 아직 갈 길이 멉니다. 왜냐하면 세계 지도자와 정책 입안자들이 기후위기를 너무나 오랫동안 모른 체했거든요. 그러나 이제는 당장 행동해야만 하는 상황에 닥쳤습니다.

기후변화는 지금껏 우선순위가 아니었습니다. 한계는 없다면서 경제 성장을 꿈꿨고 지구에 초래할 결과는 생각하지 않았습니다.

경제 성장을 이루면서 동시에 지구도 살릴 방법이 있다고 이미 많은 국가들에서 말한 바 있습니다. 이것은 곧 제 미래 또한 살릴 수 있다는 말이죠.

저는 앞으로 더 많은 이들이 자문하길 바랍니다.

'나는 기후위기를 위해 어떤 노력을 하고 있지?'라고요.

저는 겨우 열여덟 살입니다. 저 혼자 기후위기를 극복할 수 없어요. 그래서 사람들의 힘을 모으고 있습니다. 이미 130여 개 나라에서 기후 파업을 하며 매주 사람들이 거리로 나오고 있습니다. 이들은 기후 정의를 요구하고 정치적 행동을 촉구합니다.

우리가 할 수 있는 건 변화를 꿈꾸는 정도지만, 이 연설을 듣는 여러분은 실질적 변화를 이끌어 줄 힘이 있다는 것을 압니다.

지도자의 목표는 다음 세대에게 더 나은 삶을 선사하는 것이어야 합니다. 그런데 여러분의 다음 세대는 스스로 전력을 다해 지구에서 생존할 방법을 강구해야 하는 상황입니다.

그래서 이렇게 부탁합니다.

**부디 먼저 나서 주세요.**

**용기 있는 결정을 먼저 내려 주세요.**

불가능하게 들릴 수 있습니다. 존재의 위기를 해결할 대책을 내야 하니까요. 그런데 생각해 보면 인류는 그 능력치를 이미 충분히 보여 줬습니다.

우리는 10년 만에 전 세계를 기술화했고 세계대전을 두 번이나 종결했습니다. 우리가 달에 사람을 보냈을 때 케네디 대통령은 "쉬워서 하는 게 아니라 어렵기 때문에 한다."고 말했죠.

파리 협정에 동의한 나라가 195개나 되는데 단 한 곳도 목표한 대로 실천하고 있지 않습니다.

파리 협정에서 합의한 대로 이행하지 않으면 11년 안에 돌이킬 수 없는 지점을 넘겨 지구는 더 뜨거워질 것이고 기후변화는 회복이 불가능해질 겁니다. 저의 미래는 사라질 테죠.

첫걸음이 가장 어렵습니다. 오늘 저의 이야기를 듣고 이 혁명에 참여해야 한다고 생각하길 기대합니다. 여러분의 모든 것을 동원해 우리와 함께 미래를 위해 투쟁하길 기대합니다.

기후 경제학자 니콜라스 스턴(Nicholas Stern)은 이렇게 말했습니다.

'우리가 할 수 있다는 점은 희망적이지만, 무엇을 하게 될지 생각하면 매우 두렵다.'

행동이 쉬운 일은 아닙니다. 그러나 불가능하다는 생각을 가능하다고 바꿔주세요. 여러분 자신을 위해 바른 역사를 써 주세요.[2]

지구는 인간만 없으면 돼

What we say

# This
# is

우리의 행동

# our
# acting

일주일에
한 번이라도

지구를
위한
실천을

# 금산 간디학교의 채식밥상, 에너지전환 프로젝트, 기후행동들

충청남도 금산군 숲속에 있는 작은 학교, 금산 간디학교에서는 매주 지구온난화와 환경문제에 대해서만 이야기하는 '지구를 살리는 시간' 수업이 열립니다. 학생과 선생님들이 모여 기후위기에 대한 실천적 대안을 모색하는 자리죠. 이 학교의 학생들은 스스로 '육식 줄이기'와 '에너지전환'을 주요 안건으로 상정하고, 연구와 프로젝트를 계속 하고 있습니다. 특히 2020년부터는 지역 사회로 활동 범위를 넓혀나가며 기성세대들의 행동 변화까지 촉구하고 있습니다.

'나의 작은 실천이 생각보다 큰 힘을 발휘할 수 있다'고 믿으며 각자 자기 자리에서 행동하는 10대들의 이야기를 싣습니다.

## 1. 'Meet Free Tuesday(고기 없는 화요일)' 프로젝트

**박연우**
금산 간디중학교에 다닙니다. 학교에서 매주 진행하는 '지구를 살리는 시간' 수업을 통해 기후위기의 심각성을 절감했고, '작더라도 지금 내가 할 수 있는 일을 하자'는 의미에서 육식을 줄이고 채식을 장려하는 '고기 없는 화요일' 프로젝트 팀을 운영하고 있습니다.

어릴 때부터 '기후위기 시대'라는 말을 수도 없이 들으며 자랐습니다. 지구온난화를 막기 위해 대중교통을 이용하고, 쓰지 않는 전등 스위치를 항상 확인하라는 이야기도요. 그러나 당시에는 가볍게 넘겨 들었습니다. '그렇게 심각하지도 않아 보이는데?'라는 생각이었죠.

금산 간디중학교에는 일주일에 한번 '지구를 살리는 시간'이라는 수업이 있습니다. 수업 시간에는 주로 위기에 처한 환경을 구하기 위해 우리가 할 수 있는 일을 찾아봅니다. 강의를 듣고, 다큐멘터리도 보고, 재생에너지에 관해 조사하거나 발표를 하죠.

최근 우리 학교는 지구온난화의 주범으로 '축산업'을 뽑았습니다. 1톤의 메탄가스는 25톤의 이산화탄소와 효과가 동일한데, 축산업은 전 세계에서 연평균 1억 5000만 톤 넘는 메탄가스를 발생시켜 지구온난화를 앞당기고 있습니다. 그럼에도 불구하고 현대인들은 거의 매끼 고기를 먹고 있죠.

이러한 축산업의 진실을 알고 나서 채식을 시작하는 친구들이 생겼습니다. 학교에서는 채식을 선택한 친구들을 위해 김이나 두부 같은 채식 반찬을 따로 준비해주고요. 이렇게 환경을 생각하는 학교 분위기가 조성되면서, 프로젝트 팀에서는 일주일 중 하루를 지구를 생각하며 고기를 먹지 않는 날을 지정하기로 했습니다.

우리는 '고기 없는 월요일'이라는 단체에서 영감을 받아 '고기 없는 화요일'을 만들었습니다. 매주 화요일에는 학교 구성원 모두 비건 식단만 섭취하는 것입니다.

처음 시작할 때는 걱정하는 목소리와 폐지하자는 말도 많았습니다. 반대하는 친구들을 설득하기 위해 우리는 고기 없는 화요일을 하는 이유와 필요성을 알렸고, 거의 매주 축산업으로 인한 지구온난화에 대해 배우는 자리를 만들었습니다. 이산화탄소보다 몇 배나 나쁜 영향을 주는 가축의 메탄가스, 가축을 기르기 위해서 개간되는 삼림에 관한 다큐멘터리도 보았고요.

그중 하나가 〈카우 스피라시(Cow spiracy)〉라는 다큐멘터리였는데, 킵 안데르센 감독이 여러 농장주와 환경운동가, 전문가를 만나 축산업의 진실을 파헤치는 것이 주 내용이었습니다. 감독은 인간이 초래한 기후위기의 원인 51퍼센트가 '축산업'이라는 사실을 확인하기 위해 환경단체의 주요 관계자와 접촉합니다. 그런데 의아하게도 관계자들은 축산업에 관한 자세한 언급을 피하죠. 여러 사람들을 인터뷰하면서 의문은 조금씩 풀립니다. 환경단체가 육식을 반대하면 가장 큰 후원자인 축산협회의 후원이 끊어질 수 있기에 진실을 말하지 못했던 것입니다. 햄버거 하나를 만드는 데에 물이 2,500리터나 필요하지만, 환경단체는 이를 숨기고 있었습니다. 다큐멘터리를 보면서 우리는 문제를 스스로 인식하는 것이 중요하며, 고기 소비를 줄이는 것이 기후위기를 막는 한 가지 방법이라는 걸 다시 한 번 깨달았습니다.

고기 없는 화요일이 교내에 어느 정도 자리를 잡으면서 우리는 이 문화를 대외적으로 알리기로 했습니다. 이미 서울시청에서는 주 1회 채식을 하고 있고, 초, 중학교 중에도 주 1회 채식을 시행하고 있는 곳이 많을 정도로 인식이 확산된 상태라 더 자신감을 얻을 수 있었죠.

현재 고기 없는 화요일 프로젝트 팀은 주변에 채식문화를 전파하기 위한 구체적인 계획을 짜고 있습니다. 주변 마을을 방문하여 어르신들과 이야기를 나누고, 대안학교에 가서 캠페인을 하고, 채식 급식과 관련한 정부 지원도 받을 수 있도록 규모를 확장하려고 합니다. 그렇게 육식의 위험성과 채식의 필요성을 주변에 알리는 것이 우리의 목표입니다.

매년 여름과 겨울이면 지구온난화를 실감하고, 소셜 미디어와 뉴스에서 기후위기 이야기가 거론되는 것이 일상이 되었습니다. 지겹다는 생각이 들 정도로 자주 듣는 말이지만, 이 문제를 해결하기 위해 나는 어떤 노력을 하고 있나 되돌아보면 부끄러워집니다.

언제 노력이란 것을 시작할 수 있을까요? 언제쯤 뉴스에서 비판과 뼈 때리는 수치 대신 실천하는 모습을 다루는 뉴스를 볼 수 있을까요? 우리가 살아가야 하는 세상을 이렇게 무책임하게 모른 척해도 되는 걸까? 하는 의문이 듭니다. 자기 세대 아니라고 나 몰라라 돈만을 추구하는 기성세대들도 문제지만, 그들의 탓만 하며 정작 행동은 하지 않는 청소년들도 조금 이상합니다.

모른 척하거나 두려워만 하지 말고, 이제 작은 움직임이라도 시도해보는 것이 어떨까요. 그 첫 발걸음으로 조금씩 육식을 줄이고, 조금씩 채식을 늘리는 '고기 없는 화요일'을 권하고 싶습니다. 자동차 생산을 줄이거나 화석연료를 사용하지 말자는 말보다 우리가 일상생활에서 현실적으로 접하는 문제들을 인식하고, 행동했으면 좋겠습니다. 그게 우리 삶을 가꾸고 보살피는 방법이니까요.

## 2. 에너지전환 프로젝트

**김지수**
금산 간디고등학교에 다닙니다. 환경문제에 대해 알아갈수록 이론보다는 실천이 중요하다는 생각이 들었고, 2017부터 금산 간디학교 에너지전환 프로젝트에 참여하고 있습니다. 졸업 전까지 간디학교가 친환경 에너지로 전환에 성공하여 '에너지 자립'을 이룰 수 있기를 꿈꿉니다.

에너지전환 프로젝트는 우리 학교를 에너지 자립학교로 만들기 위한 프로젝트입니다. 원자력 발전이나 화력 발전처럼 환경에 해를 끼치는 방식이 아닌, 친환경 방식으로 에너지를 만들어 오염을 줄이고자 하는 목표를 가지고 있죠.

에너지전환 프로젝트는 2017년 9월에 시작되었습니다. 친구들, 선생님들과 함께 에너지 자립학교를 만들어보자고 마음을 모은 뒤 기독교 환경교육센터 살림(이하 살림)과 매칭 자금을 기획하면서 본격적인 활동이 시작되었죠. 우리가 1,000만 원을 모으면 살림에서 1,000만 원을 지원해 2,000만 원으로 프로젝트를 진행하는 형식이었는데요, 적지 않은 금액인 1,000만 원을 모으기 위해 고군분투해야 했습니다.

다양한 곳을 찾아 우리 프로젝트의 의의를 설명하고, 모금 캠페인을 벌였죠. 금산 간디중학교 전환 마을 축제와 10주년 행사에 참여했고, 산청 간디학교 20주년 행사, 평창 세계문화 오픈대회에 참여했습니다. 별무리 학교, 속초 딸기 축제장, 금산군청에 방문해서 우리의 생각을 알렸고, 국회 미래혁신 포럼에서 연설을 하기도, 국회 정책 포럼에서 연설을 하기도 했고요. 탈석탄 기후변화 대응 국제 컨퍼런스에서도 연설을 했습니다. 기후위기 비상행동 행사에도 참여해 같은 생각을 가진 10대들을 만나 의견을 나누었고, 여러 매체와 인터뷰도 진행했으며, 프로젝트를 알리기 위해 다양한 퍼포먼스도 벌였죠.

다양한 활동 중에 재미있게 참여했고, 주목도 많이 받았던 것은 '기부라이더' 활동인데요, 학교 에너지 자립을 꿈꾸는 학생들이 모여 자전거를 타고 달리며 대중들의 관심을 유도하고, 기부도 받는 퍼포먼스였습니다. 2017년에 있었던 첫 번째 기부라이더는 금산부터 보령 화력발전소까지 1박 2일간 130km를 달렸습니다. 2018년에 진행했던 두 번째 기부라이더는 금산부터 영광 한빛원자력발전소까지 2박 3일간 약 200km를 달렸고요.

개인적으로 제일 기억에 남는 활동은 '탈석탄 기후변화 컨퍼런

© 교하중 수묵

일주일에 한 번이라도 지구를 위한 실천을

This is our acting

스'입니다. 우리의 의견을 어린 학생들의 것으로 치부하지 않고, 귀 기울여 듣는 청중들의 모습이 인상적이었죠.

2020년에는 환경에 관심 있는 세계 유명 인사와 한국의 유명 인사들을 섭외해 환경과 관련된 더 깊이 있는 이야기를 들어보았 습니다. 그리고 드디어 학교 옥상에 태양광 에너지 발전소를 세울 준비를 마쳤습니다. 이렇게 에너지 자립에 한 걸음 다가가게 되면, 지금까지의 활동을 기록한 자료집도 만들 계획입니다. 그러면 우리 와 같은 목표를 가진 사람들이 참고할 수 있겠죠?

이 프로젝트를 이끌어나가면서 환경에 대해 더 많이 공부하게 되 었습니다. 강의와 수업을 찾아 들으며 내가 실천할 수 있는 일이 뭐 가 있을까 고민도 합니다.

얼마 전 가족들과 컵라면을 먹은 적이 있는데, 컵라면 용기를 쓰지 않게 되더라고요. 몸에 해롭고 환경에도 해로운 이런 상품은 가능한 이용하지 말아야겠다는 생각이 들었습니다. 저의 생각을 적극적으로 말하면서 가족들도 일회용품 사용을 줄이게 되고, 어 쩔 수 없이 사용할 때도 환경에 미안함을 느끼게 되는 것 같습니다.

최근 기후위기와 환경오염에 관한 논의가 활발히 이루어지는 것은 반가운 일입니다. 그럼에도 불구하고 여전히 바다에는 새로운 쓰레기 섬이 생겨나고, 사라지는 생물 종이 있습니다. 언제쯤 원래 대로 돌려놓을 수 있을까요? 탄소 시계에 따르면 지구에게 남은 시 간은 7년 정도밖에 되지 않는다는데, 그 안에 돌려놓을 수는 있을까요? 지금 10대들이 30대가 될 미래는 어떤 모습일까요? 아니, 미래가 있기는 할까요?

환경에 관해 관심을 두고 작은 행동이라도 함께 했으면 좋겠습니다. 당장 일회용품 사용을, 플라스틱 사용을 줄여보면 어떨까요? 짧은 거리는 자동차 대신 자전거를 이용하면요?

기후위기 극복은 다른 누구가 아닌, 바로 우리가 해야 할 일입니다. 함께 해주시기를 다시 한 번 요청 드립니다.

# 지구
# 수호자로서

처
피
신

# 할 수
# 있는 일

지금 가장 위태로운 것, 그것을 지키고자 합니다. 우리 청년들이 세계 곳곳에서 나서 우리 세대가 겪을 문제의 해결책을 찾으려고 합니다.

저 같은 청년들이 미국 전역에서 주 정부와 연방 정부에 소송을 걸며 당장 기후변화에 대해 조치를 취하라고 요구하고 있습니다. 거리는 물론 법원까지 밀고 들어가 이 중요한 운동을 세상에 알릴 것입니다. 우리 세대가 앞장서서 이끄는 모습을 보여줄 것입니다.

**시우테스카틀 마르티네즈(Xiuhtezcatl Martinez)**
2000년 생. 글로벌 청소년 환경운동 단체 '얼스 가디언즈(Earth Guardians)'를 이끄는 환경운동가이자 미국의 힙합 아티스트입니다. 화석 연료가 토착민과 다른 소외된 지역 사회에 미치는 영향에 대해 유엔에서 여러 차례 연설했으며, 2015년에 기후변화에 대한 조치를 취하지 않은 미국 정부를 상대로 소송을 제기한 10대 21명 중 한 명입니다.

©wikipedia

안녕하세요. 저는 시우테스카틀 마르티네즈입니다.

오늘 이 자리에 참석해 영광입니다. 전 세계 200개국의 대표자들이 모인 모습을 보니 설렙니다. 모두 함께 뜻을 모아야 변화를 일으킬 수 있으니까요.

**This is our acting**

저는 열다섯 살이고, 청년 단체 '어스 가디언즈'의 청년 지도자입니다. 어스 가디언즈는 전 세계 청년들과 협동하여 지구, 공기, 물, 대기를 보호하는 활동을 합니다. 우리 세대와 다가올 세대를 위한 일이죠.

저는 오늘 이 자리에서 제가 속한 세대와 아직 태어나지 않은 세대까지 대변합니다.

그리고 세계의 토착민들, 그리고 오늘날 국제사회가 마주한 기후위기로 인한 파장을 물려받을 이들을 대변합니다.

저희 아버지는 멕시카족[1]의 방식으로 저를 키우셨습니다. 아버지는 모든 생명이 신성하다고 하셨고, 살아 있는 모든 것은 연결되어 있다고 하셨습니다. 우리 모두 같은 땅에서 생명을 얻고 같은 물을 마시기 때문입니다.

저는 멕시카족의 풍습을 따르며 자랐습니다. 조상과 부족에게서 물려받은 언어로 춤과 노래를 배웠죠. 이런 문화유산을 통해 삶은 선물이라는 걸 배웠습니다.

우리에게는 생명을 주는 대상을 존중하고 보호할 책임이 있습니다. 그러므로 주변을 더 적극적으로 살펴야 합니다. 저는 우리가 마주한 문제들을 살펴보면서 기후위기가 모든 생명에 영향을 주고

---

[1]  남아메리카 멕시코 밸리에 살았던 원주민으로 아스테카 제국을 세운 민족.

있으며, 이 시대를 관통하는 문제라는 사실을 알게 되었습니다.

저를 둘러싼 세상이 무너지는 모습을 보고 가만히 있을 수 없었습니다. 그래서 여섯 살부터 지금까지 9년 동안 기후 운동과 환경 운동을 해왔습니다. 제 미래와 이 지구를 위해 싸우고 있죠.

많은 사람들이 외면하고 있지만, 기후위기는 먼 미래의 문제가 아닙니다. 극지방의 빙하가 녹는다거나 해수면만 상승하고 마는 일부 지역의 일만도 아닙니다. 지구에 사는 모든 생명에게 영향을 주고 있고, 앞으로 더욱 나빠지기만 할 겁니다.

지난 3개월 사이에 저와 가족은 콜로라도주에서 사상 최대 규모의 산불과 최악의 홍수를 목도했습니다. 지구 곳곳에서 초대형 폭풍과 홍수가 점점 짧은 주기로, 더욱 강렬하게 일어나고 있습니다. 이것은 우리가 행동하지 않기 때문입니다. 가장 큰 원인은 탄소 배출량을 늘리는 우리의 생활 방식입니다.

이 문제를 지적하기 위해 저를 비롯한 세계 각지에서 청년들이 목소리를 내고 있습니다. 우리는 기후위기를 인권 문제로 보고 있습니다. 기후위기의 영향을 더 많이 받는 것은 주로 개발도상국이고, 그중에서도 여성, 어린이, 유색인종이 더 큰 타격을 입고 있기 때문입니다.

기후위기는 지구와 환경만 위태롭게 하는 문제가 아닙니다. 지금 제가 속한 세대의 존재 여부가 달린 문제입니다. 이 세대의 생존과 인류의 지속이 여러분과 우리의 손에 달렸습니다. 그래서 지금 가장 위태로운 것을 지켜내고자 합니다. 우리 청년들이 세계 곳곳에서 나서 우리 세대가 겪을 문제의 해결책을 찾으려고 합니다.

어스 가디언은 세계 각지에 생기고 있습니다. 이곳에서는 젊은이들의 패기로 현시대의 중요한 사안을 짚어보며 세상을 바꿀 해결의 씨앗을 심고 있죠.

40만 명이 넘는 사람이 뉴욕시 거리에 모여 역대 최대 규모로 기후 행진을 했습니다. 학생들이 주도한 이 운동 덕분에 220여 개의 기관이 화석연료 사용을 중단했고, 이 숫자는 계속 불어나고 있죠.

저 같은 청년들이 미국 전역에서 주 정부와 연방 정부에 소송을 걸며 '당장 기후변화에 대해 조치를 취하라'고 요구하고 있습니다. 거리는 물론 법원까지 밀고 들어가 이 중요한 운동을 세상에 알릴 것입니다. 우리 세대가 앞장서서 이끄는 모습을 보여줄 것입니다.

해결책을 얻으려면 여러분의 도움이 필요합니다. 유엔에서 21년 가까이 기후변화에 대해 논의했지만, 기후 회복 계획과 관련된 합의는 거의 이루지 못했습니다. 그러는 동안 문제는 기하급수적으로 심각해지고 있습니다. 우리가 취할 수 있는 조치는 나날이 줄고 있죠.

여기 모인 21차 당사자 총회가 나서주십시오. 더 늦기 전에 말입니다.

말씀드렸다시피 지금 걸려 있는 건 여러분의 자녀, 우리 자녀의 미래이고, 제 자녀와 손주의 미래입니다.

제 눈을 보세요. 다음 세대가 보이지 않습니까?

다음 세대에 남겨 줄 지구의 모습이 보이지 않습니까?

저는 세상을 보며 여러분이 우리 세대에 남기고 갈 지구를 떠올립니다.

큰 목표 세우기를 겁내지 마세요. 화석연료 사용을 중단하는 건 충분히 가능할뿐만 아니라 이미 진행 중입니다.

세계 각지의 도시와 국가들이 2050년까지 재생에너지로 완전히 전환하기로 약속했습니다. 교황도 나서서 재생에너지로 전환하는 일이 시급하다고 언급했고요. 화석연료를 끊는 꿈은 서서히 현실이 되고 있습니다.

해결책은 우리가 이미 가지고 있습니다. 그 해결책에는 수백만 개의 일자리와 경제적 기회도 따르죠. 상상해 보세요. 우리가 화석연료와 원자력 산업에 쏟는 돈을 전부 재생에너지로 옮긴다면, 어떤 일을 이룰 수 있을까요?

중요한 것은, 빨리 바꾸는 것입니다. 그래야 더 큰 재앙을 막을 수 있습니다.

**This is our acting**

이제 하늘을 바라보며 해답을 찾아야 합니다. 미래 에너지는 땅속 구멍에 있지 않으니까요. 지구와 관계를 다시 만들어야 합니다. 지금처럼 마음대로 쓰면서 돌려줄 마음은 없는 사고방식을 고치고, 지구를 해치는 줄도 모르고 하는 행동들, 알려고도 하지 않았던 자세를 반성해야 합니다. 파괴와 과욕은 우리 지구를 무너뜨릴 뿐입니다.

사회의 기초를 이루는 믿음을 송두리째 바꿔야 합니다. 우리 모두 지구의 토착민이고, 연결되어 있다는 걸 가장 중요하게 여겨야 합니다.

지구에 살았던 세대는 누구나 흔적을 남깁니다. 다음 세대에게 기억될 만한 흔적을 말입니다. 지금 우리 인류는 아주 위험한 지점에 도달해 있습니다. 행성 하나를 파괴한 세대, 미래보다 당장의 이윤을 중요하게 여겼던 세대로 기억될 수 있으니까요.

하지만 생각을 바꾸면 큰 과제를 해결하기 위해 뜻을 하나로 모은 세대, 지구와 관계를 재정립한 세대로 기억될 수도 있습니다.

지금, 세상이 우리에게 요구합니다. 우리의 용기와 혁신, 창의력 그리고 열정을 활용해 새 세상을 열라고요.

눈앞에서 무너지는 세상을 보고 있으면, 지금이 딱 태어나기 좋은 것 같다는 생각이 듭니다. 정말로, 지금이야말로 살아 있기 좋은 때 아닌가요? 역사의 판도를 바꿀 수 있으니까요.

어려운 도전 과제 앞에서 인간은 더 크게 성장합니다. 인간이 야기한 지구의 가장 심각한 위기도 그런 과제일 것입니다.

기후위기처럼 세계를 한 마음으로 묶은 문제는 없었습니다.

바로 지금부터 우리를 구분짓는 것, 우리를 갈라놓는 것, 타인을 손가락질하고 책임을 떠넘기고 싶은 마음을 내려놓고, 저희와 함께해 주세요.

우리에게는 지지가 아니라 동지가 필요합니다.

미래세대가 건강하고 공정하고 지속가능한 지구를 물려받을 수 있도록, 함께해 주세요.

잊지 마세요. 지구의 미래, 다음 세대의 미래는 우리가 정합니다.

함께하면 세상을 바꿀 수 있습니다.

쉽지 않겠지만 우리의 책임입니다.

후대를 위해 할 일을 시작합시다.

후대도 미래를 그릴 수 있게 오늘을 이끌어 갑시다.[2]

---

2  2015년 6월 유엔 총회에서 연설 번역(출처: un.org, 번역: 바른번역 미디어)

# 바이바이

# 플라스틱

# 백!

스피치

여러분께 2가지 부탁을 드립니다.
첫째, 서명운동에 동참해 주세요.
인터넷에 '바이바이 플라스틱 백(bye
bye plastic bags)'만 검색하시면 됩니다.
둘째, 아이들도 할 수 있다는 걸
기억해주세요. 아이들은 현재 세계
인구의 25%에 불과하지만, 이들은
미래 인구의 100%입니다.

**멜라티 비젠, 이자벨 비젠**
인도네시아 발리의 청소년 환경운동가 자매. 2013년, 멜라티가 12살,
이자벨이 10살일 때 발리 섬에서 일회용 비닐봉투를 없애자는 '바이바
이 플라스틱 백' 캠페인을 시작했습니다. 2016년, 의견을 관철시키기
위해 단식 투쟁을 벌였고, 발리 주지사로부터 스티로폼, 비닐봉투, 빨대
를 금지하는 명령에 서명을 받아냈습니다. 2018년, '타임지에서 선정한
영향력 있는 청소년 25명' 중 2명으로 선정되었고, 2019년에는 이들의
활동을 담은 다큐멘터리 영화 〈Bigger than Us〉가 제작되었습니다.

푸른 낙원이었던 신들의 섬 발리. 그러나 지금은 잃어버린 낙원, 쓰
레기들의 섬인 발리를 아십니까?

우리는 지금으로부터 365일 전, 이보다 훨씬 적은 청중 앞에서 우
리의 고향 발리 섬에서 진행되고 있는 '비닐봉투 사용 금지 운동'
을 소개했습니다.

**This is our acting**

1년이 지난 지금, 우리가 경험한 여정에 대해 얘기하고 싶습니다. 우리가 배운 교훈과 함께 우리의 취지도 다시 한 번 전달하려 합니다.

자매인 우리는 '그린 스쿨 발리'라는 학교에 다닙니다. 우리 학교에서는 교과서에서 배울 수 없는 것들을 배울 수 있습니다. 학교는 우리가 녹색 지도자가 되도록 이끌어주죠.

어느 날, 학교에서 위인에 대해 배웠습니다. 넬슨 만델라와 다이애나 왕세자비, 마하트마 간디에 대해 배웠어요. 그날 집으로 걸어가면서 다짐했습니다. '우리도 위대해지자'고요.

그런데 문득 이런 생각이 들었습니다.

'꼭 어른이 될 때까지 기다려야 위대해질 수 있을까? 아이들도 위대해질 수 있지 않을까?'

그날 밤 소파에 앉아서 발리에 닥친 문제에 대해 골똘히 생각해 봤습니다. 우리의 머릿속에는 두 가지 생각이 떠올랐습니다.

'쓰레기 그리고 비닐봉투'

그중에서도 특히 나날이 심각해지는 비닐봉투 문제를 알아보기 시작했는데요, 자세히 들여다볼수록 많은 것을 깨달았습니다.

비닐봉투는 우리 환경을 망치고, 발리의 가장 중요한 산업인 관광산업도 망칩니다. 아름다운 야생생물이 살지 못하게도 하죠. 더 큰 문제는 우리 건강에 직접적으로 닿아 있다는 점입니다.

그래서인지 다른 여러 지역에서 이미 비닐봉투 사용을 금지하고 있었습니다. 르완다, 하와이 제도, 최근에는 미국 캘리포니아주까지 비닐봉투 사용을 전면 금지했습니다.

다른 곳에서 한 일을 우리라고 못할 이유가 있나요?

발리 섬에서는 매주 비닐봉투 7천 세제곱미터가 발생합니다. 모두 쌓으면 18층 건물 높이만큼이나 되죠. 비닐봉투의 재활용률은 0.5%도 안 됩니다. 나머지는 거의 하수도로 빠지거나 강으로 흘러가고, 끝내 섬을 둘러싼 바다를 떠돌게 됩니다.

바다까지 가지 못한 비닐은 마을 주민들이 태워버리는 경우가 많습니다. 비닐봉투를 태울 때 나오는 다이옥신 같은 발암물질이 우리 몸에 흡수되는 걸 모르고 말이죠.

저희는 발리 섬에서 비닐봉투가 더 이상 사용되지 않도록 하기 위한 아이디어를 냈습니다. 그렇게 시작된 것이 '바이바이 플라스틱 백(bye bye plastic bags)' 운동입니다

1년간 이 운동을 하면서 우린 무엇을 배웠을까요?

간단히 답하겠습니다.

아주 많은 것을, 넘치도록, 태산처럼, 엄청나게 얻었습니다.

첫 번째 교훈은 '혼자 하는 건 한계가 있다'는 점이었습니다. 그래

©wikipedia

서 '바이바이 플라스틱 백'이라는 단체를 만들고 생각이 비슷한 동료들을 모아 팀을 꾸렸습니다.

우리 팀은 여러 방식으로 접근했습니다. 온라인 서명운동을 하고, 발표도 했어요.

지금까지 3,500명이 넘는 학생들과 3개 국어로 소통했습니다.

그다음으로 전반적인 인식 개선에 도전했습니다. 팀에 합류하는 자원활동가가 매주 늘고 있는데요, 발리 국제학교 학생, 창구 지역학교 학생, 몬테소리와 그린 스쿨 학생 그리고 지역 멤버도 있습니다.

우리는 정화 작업을 하고, 다회용 장바구니를 만들어 나누어

주고, 학교에서 실시할 교육 자료를 만들었습니다. 그렇게 일회용 비닐봉투를 사용은 옳지 않다는 인식을 널리 퍼뜨렸고, 동의하는 사람들의 서명도 얻어냈습니다.

서명은 왜 받았냐고요? 우리의 의견을 더 강력히 전달하기 위해서죠. 우리는 정부가 어떤 조치를 취해주길 바라며 여러 가지 시도를 해봤지만 소용없었습니다. 그래서 100만 명의 서명을 모으기로 했습니다. 이 많은 사람들의 의견을 무시하지는 못할 테니까요.

하지만 '100만'이란 막막한 숫자였어요. 활동가 한 명이 서명 하나를 얻는 데에 약 1분이 걸립니다. 하루 8시간, 쉬지 않고 7년 동안 일해야 목표를 달성할 수 있다는 뜻이에요.

그때 두 번째 교훈을 얻었습니다. '틀을 벗어나서 생각하자!'

서명 6만 개를 달성하고 나서, 우린 충분히 잘했다고 생각했습니다. 그런데도 목표인 100만까지는 아득했죠. 그래서 고민했습니다. '어떻게 해야 서명을 더 빨리, 더 많이 얻을 수 있을까?'

그때 누가 그러더군요. 발리 공항 출입국 횟수가 1년에 1,600만 건이 넘는다고요.

'이거다!'하는 생각이 들었습니다. 그런데 문제는 '공항에 들어가는 것'이었어요.

이때 세 번째 교훈을 얻었습니다.

세 번째 교훈은 '끈기'입니다.

우리는 공항으로 가서 미화원 분의 상사의 상사를 만나고, 그다음에는 부서 부책임자를 만나고, 다음엔 부서 책임자와 얘기한 후 다시 두 단계 아래로 밀려났습니다. 처음 만났던 미화원 분에게로 돌아온 거죠. 그렇게 며칠을 이리저리 다니며 방법을 찾다가, 어느 날 발리 공항의 상업 관리자를 만났습니다. 그분 앞에서 우리의 활동에 대해 발표했고, 결국 이런 답변을 받아냈습니다.

"내가 이런 말을 하게 되다니, 나조차도 믿기지 않는군요. 입국 심사대에 갈 수 있게 승인해줄게요. 게이트에서 서명을 모으세요."

그곳에서 우리는 1시간 반 만에 서명을 900개나 받았습니다.

정말 대단하죠?

네 번째 교훈은 '사회 각층의 지원'이 필요하다는 것입니다.

우리의 가장 큰 성과는 발리섬 해변가에 만들어진 시범 마을 '프레레난'이었습니다.

프레레난은 800가구가 사는 마을인데요, 마을 이장님께서 우리가 만든 티셔츠를 좋아하셔서 큰 도움이 됐습니다. 마을 이장님의 지원으로 우리는 마을의 가게와 인연을 맺을 수 있었습니다. 우리 활동가들은 프레레난 마을의 가게에 오는 손님들에게 초점을 맞췄습니다. 꾸준히 다회용 장바구니를 공급하며 비닐봉투 대신 쓰도록 했죠. 소비 습관의 변화가 가장 중요하니까요.

바이바이 플라스틱 백 장바구니를 두세 개 들고 스쿠터를 타고 지나가는 사람을 보면, 그렇게 뿌듯할 수가 없었어요.

우리 운동을 더 알리기 위해서는 다른 계층의 지원군도 필요했습니다. 감사하게도 그린 스쿨이 도와준 덕분에 계속해서 유명 인사와 만날 기회가 생겼죠,

반기문 유엔 사무총장님은 우리와 만났을 때 '직책상 탄원서에 서명을 할 수 없다'고 말씀하셨습니다. 어린이가 부탁해도 곤란하다고 하셨어요. 대신 널리 알리겠다고 약속하셨고, 이후 여러 회의와 연설을 통해 약속을 지켜주셨습니다.

그분의 호의 덕에, 우리가 만든 바이바이 플라스틱 백은 공식 유니콘 로고까지 달 수 있게 됐습니다.

동물학자이자 인류학자인 제인 구달(Jane Goodall)은 사람의 관계망이 얼마나 중요한지 보여주었습니다. 그가 이끄는 '뿌리와 새싹' 운동은 하나의 단체로 시작했지만 지금은 지구 곳곳에서 천 개 단체가 활동 중입니다. 우리도 그중 한 곳이고요. 제인 구달은 정말 본받고 싶은 분이에요.

유명 가수 인디아 아리(India Arie)가 해준 말이 있습니다. '파파라치에 둘러싸이지 말고 우리 모습을 잘 간직하라'고 했죠. 우리는

조금씩 유명해지고 있습니다. 그럴 때마다 그 말을 매일 되새기고 있어요.

이렇게 1년간 활동해서 무엇을 이뤘을까요?

우선 인내심을 많이 키웠고요, 답답한 상황에 대처하는 법, 리더십을 배웠습니다. 그리고 협동과 우정의 중요성도 배웠습니다.

우리가 살고 있는 발리의 문화에 대해 더 잘 알게 되었고, 발리 사람들에 대해서도 더 많이 생각하는 계기가 되었습니다.

또 10까지 세면서 숨을 들이쉬고 내뱉는 것(호흡 명상)을 훨씬 자주 하기 시작했습니다. 어떨 땐 힘들기도 하니까요.

그리고 또 하나, 전념하는 법을 배웠습니다.

지금 우리는 위인일까요? 아닙니다. 하지만 그게 가장 중요한 게 아니라는 것도 배웠습니다.

정말 중요한 것은 발리에서 비닐봉투 사용을 금지하는 일이라는 걸 알았습니다. 우린 비닐봉투 없는 발리를 만들 것입니다.

오늘 여러분께 2가지 부탁을 드립니다.

첫째, 이 운동에 관심을 가지고 동참해 주세요. 인터넷에 'Bye Bye Plastic Bags(바이바이 플라스틱 백)'만 검색하시면 됩니다.

둘째, 아이들도 할 수 있다는 걸 기억해주세요. 아이들은 무한한 에너지를 가지고 있습니다. 동기부여만 있다면 얼마든 변화를 이끌 수 있죠. 아이들은 현재 세계 인구의 25%에 불과하지만, 이들은 미래 인구의 100%입니다.

발리 공항의 입국 심사대에서 이 질문이 필수가 될 때까지 우리는 멈추지 않겠습니다.

　　"발리에 오신 것을 환영합니다. 신고할 비닐봉투 있으십니까?"[1]

---

**1** 2015년 2월, 인도 뭄바이에서 열린 '잉크 톡스' 연설 번역(출처: inktalks.com, 번역: 바른 번역 미디어)

동물과
식물이
죽어가는
이 땅에,

우리가 살 수
있을까요?

펴낸이

사실은 내가 크면 지구가 어떻게
될지 두려워요. 과학자들이 지금처럼
온실가스를 배출하면 지구 온도가
1.5℃ 이상 상승하고, 그러면 지구는
영영 회복되지 못할 수 있다고
경고하고 있는데도 어른들은 가만히
있잖아요.

**제주 멸종위기종 어린이단**
제주도에 살고 있는 10대 3명(12세 이룸, 11세 주아, 10세 한별)이 활동
하고 있습니다. 제주의 아름다운 자연이 파괴되는 것을 직접 보고, 느
끼면서 기후위기의 심각성을 깨닫게 되었습니다. 같은 생각을 가진 지
역 친구들과 환경에 대해 공부하고, 기후위기를 경고하는 게릴라 캠페
인을 해왔습니다. 2020년부터는 제주 해변과 관광지에서 쓰줍쓰담
활동(쓰레기 줍고 담기)과 포켓캠페인(주머니에 들어갈 만한 작은 크
기의 피켓을 만들어 곳곳에서 사진을 찍고 공유하는 캠페인)을 꾸준히
하고 있습니다.

1. 환경오염이나 기후위기에 대해 언제, 어떻게 알게 되었나요?

이룸    엄마가 커먼즈필드 제주(제주도민 네트워크 공간)에서 있었
던 인문학 강의를 듣고, 강의에서 본 유튜브 영상을 찾아
보여주셨어요. 세계 여러 곳에서 태풍, 가뭄, 산불 같은 자
연재해가 더 자주 일어나고, 이 때문에 사람, 동물, 나무가
다치거나 죽어가고 있었는데, 이것의 원인이 기후위기라고

했어요. 기후위기의 심각성을 처음 눈으로 본 것이었는데, 그 영상을 보고 무서워서 일주일 동안 잠을 푹 잘 수가 없었어요. 보지 말걸 그랬나 하는 생각이 들 정도였어요.

**주아** 비치코밍[1] 활동에 대한 수업을 들었는데, 죽은 바다거북 코에 사람들이 버린 빨대가 꽂혀 있는 것을 보고 너무 마음이 아팠어요. 제가 구독하고 있는 신문에도 환경오염에 관한 기사가 자주 나오는데요, 북극에 사는 에스키모가 머리가 아파 수술을 했는데 미세플라스틱이 나왔다는 기사가 충격적이었어요. 우리가 버린 플라스틱이 바다로 흘러 북극까지 간 거예요. 전 세계 바다에는 거대한 쓰레기 섬이 5개나 있다고 하는데 이것도 심각한 문제라고 생각해요. 이런 사례들 때문에 기후위기에 관심을 가지게 되었어요.

**한별** 우리 동네에는 쓰레기를 줍고 환경에 대해서도 공부하는 '유수암상동 어린이 환경수비대'가 있어요. 저와 친구들의 활동을 도와주시는 반달곰 선생님과 마을에서 한 달에 두 번 토요일마다 만나는데요, 저는 그곳에서 환경오염과 기후위기에 대해 알게 됐어요.

---

1 '해변'을 뜻하는 비치(beach)와 '빗질'을 뜻하는 코밍(combing)의 합성어. 해변을 빗질하듯 훑으며 쓰레기를 주워 모으는 일을 말합니다. 주운 물건들을 재활용해 작품이나 상품을 만들기도 합니다.

---

**2. 제주의 환경파괴 현장에 가본 적이 있나요? 느낌이 어땠나요?**

이룸  저는 동생들과 제주도에서 언스쿨링을 하고 있는데요, 제주 곳곳을 여행하면서 정말 아름다운 섬이라는 걸 알게 됐어요. 제주도는 생물권보전지역·세계자연유산·세계지질공원으로 인정받으며 유네스코 3관왕에 오를 만큼 세계적으로도 중요한 곳이라고 해요. 저는 난대림지역인 곶자왈을 좋아하는데요, 여기에는 다른 곳에서는 보기 힘든 식물들이 많고, 신비한 숨골[2]도 있어요. 숨골 앞에서 바람을 맞으면 제주도가 숨을 쉬고 있는 것 같은 느낌이 들어요. 이렇게 겉으로는 살아 있고, 아름답게만 보이는 제주도의 생태계가 사실은 기후위기 때문에 많이 변하고 있다고 해요.

한별  제가 열 살이었을 때 아빠와 고모부, 사촌오빠와 한라산 백록담에 올라갔어요. 백록담 근처에 있는 구상나무가 하얗게 죽어 있는 것을 보았지만, 그때는 이유를 몰랐어요. 기온이 높아져서 구상나무가 말라 죽었다는 사실은 나중에 알게 되었죠. 한라산뿐만 아니라, 바닷물의 온도도 높아지고 있대요. 물고기, 해산물, 해조류가 잘 잡히지 않아

---

2  빗물이 지하로 흘러들어가는 구멍. 숨골을 통해 나오는 공기는 여름에는 시원하고 겨울에는 따뜻하여 땅의 온도와 습도가 일정하게 유지될 수 있게 돕습니다.

서 해녀 할머니들의 걱정이 크다고 해요. 작년 여름에는 함덕해수욕장 해변 근처에 상어가 나타났다는 뉴스도 봤어요. 모두 제주도가 점점 더 더워지고 있어서 일어나는 일이래요.

주아  제주도 해수면이 상승하고 있다고 해요. 용머리해안도 해수면이 높아져서 예전보다 출입할 수 있는 횟수가 줄어들고 있다고 했는데, 얼마 전, 아빠와 같이 간 날에도 출입을 통제하는 바람에 산책을 할 수가 없었어요. 그렇게 해수면이 계속 높아지면서 제주 해변이 사라질 수도 있다는 말을 들으니 무서웠어요.

우리 가족이 제주도에 산 지 5년이 넘었는데요, 첫 번째와 두 번째 겨울에는 눈썰매를 타며 놀았어요, 눈이 너무 많이 와서 아빠가 출근을 못하실 정도였거든요. 그런데 그 후로는 눈을 본 기억이 거의 없어요. 한겨울인데도 코트가 필요 없을 정도로 따뜻한 날도 많고요. 3년 전 1월 1일에는 온가족이 새해 기념으로 바다에서 배를 탔는데 너무 따뜻해서 이상했어요. 이런 게 기후가 변하고 있다는 증거 아닐까 싶어요. 겨울엔 따뜻한 날이 많아지고, 한여름엔 정말 덥거든요.

**3. 제주를 찾는 관광객들에게 하고 싶은 말이 있다면?**

이룸  제주도에 관광객이 너무 많아서 환경이 더 빨리, 많이 오염되는 것 같아요. 관광객 수를 제한했으면 좋겠어요. 그리고 관광객들이 쓰레기를 잘 가져갔으면 좋겠어요.

주아 저도 관광객들이 쓰레기를 버리지 않았으면 좋겠어요. 바닷가에서 술병이나 담배꽁초를 볼 때마다 너무 속상해요. 쓰레기는 쓰레기통에 버려주세요.

한별 바다와 오름에 가보면 관광객들이 버리고 간 일회용 쓰레기가 정말 많아요. 함덕 바다에는 부스러진 스티로폼이 둥둥 떠다니고, 이호테우 해수욕장은 쓰레기가 너무 많아서 쓰레기장 같죠. 오름에 왜 담배꽁초가 있나요? 바다에서 왜 커피를 마시고 그냥 놓고 가나요? 이해할 수가 없어요.

**4. 제주도의 환경과 기후를 위해 어떤 일을 하고 있나요?**

이룸 저처럼 언스쿨링을 하는 가족들이 모여서 기후위기 캠페인을 벌이고, 포켓 캠페인도 해요. 동네에서는 유수암 어린이 환경수비대 활동을 하고 있고요, 온라인에서는 꿈꾸는 푸른교실 어린이 환경기자 활동을 하며 기후와 환경에 대한 기사를 썼어요.

주아 저는 어린이조선일보 기자 활동을 하고 있는데요, 주로 기후와 환경에 대한 기사를 써요.

**5. 10대들끼리 캠페인을 열기는 쉽지 않을 것 같은데, 어떻게 기후위기 캠페인을 하게 되었나요?**

이룸   맨 처음 아이디어를 낼 때는 부모님의 도움을 받았어요.
엄마에게 청소년기후활동가 언니들의 '십대가 벌이는 지속
가능한 사회를 위한 운동' 이야기를 듣고, 우리 가족부터
기후위기 캠페인을 해보기로 했어요. 곧바로 기후위기의
심각성을 보여주는 유튜브 동영상을 찾아보면서, 기후위
기 캠페인에서 쓸 피켓을 만들었어요.

주아   혼자 하기는 어려워요. 하지만 힘을 합치면 누구나 할 수
있어요. 멸종위기종 어린이단은 언스쿨링을 하는 두 가족
이 함께 하고 있고요, 때때로 다른 가족들도 같이 해요.
참, '멸종위기종 어린이단'이라는 이름도 우리가 지었어요.
기후위기가 계속되면 우리 어린이들은 북극곰이나 다른
동물들처럼 미래에 멸종위기종이 될지도 모른대요. 우리
이름을 보고 어른들이 깨달음을 얻었으면 좋겠어요.

한별   활동을 해나가면서는 어른들 없이 우리끼리 모여 기후위
기와 관련된 동영상을 보고, 피켓을 만들고, 앞장서서 캠
페인을 진행했는데, 뿌듯했어요. 우리는 학교 밖 어린이여
서 청소년 언니오빠들처럼 등교 거부를 하지 않고도 아무
때나 캠페인을 할 수 있어요. 지금은 코로나19 때문에 모이
기 어렵지만요.

이룸   사회적 거리두기 때문에 기후위기 게릴라 캠페인을 더 이
상 할 수 없게 되었어요. 그때 엄마가 '가족끼리 외출을 할
때 기후위기를 알리는 포켓캠페인을 하자'는 제안을 하셨

어요. 피켓을 주머니에 들어갈 정도로 작게 만들어 들고 다니는 건데요, '#기후위기제주도를지켜주세요 #기후위기 #제주여행지'라는 메시지를 써서 사진을 찍고 SNS에 올렸어요. 해시태그가 퍼져나가서 제주도를 여행하는 사람들에게 전달되기를 바랍니다.

**6. 동네에서 하는 유수암 어린이 환경수비대는 무엇인가요?**

이룸·
한별

반달곰 선생님이랑 초등학생 10여 명이 동네 원형 광장 주변에 있는 쓰레기를 주워요. '쓰레기! 아무 데나 버리면 편하지만, 나중에는 고통으로 돌아옵니다.'라고 쓰여 있는 환경 표지판도 곳곳에 세워놓았어요. 쓰레기 분리배출 방법도 배우고요.

'국제 연안정화의 날'에 바다에 가서 쓰레기 종류와 개수를 조사해 카드를 만들었던 것이 특히 재미있었어요. 우리가 만든 쓰레기 조사표는 미국으로 보내져서 전 세계 바다쓰레기 현황 조사에 반영한대요.

선생님, 친구들과 1박 2일로 에코투어를 가서 같이 신재생에너지와 재활용에 대해서도 배웠어요.

저희가 깜짝 놀란 사실이 있는데요, 유수암 어린이환경수비대 모임 활동비를 우리 동네에 사시는 김한숙 할머니가 다 지원해주시는 거래요. 반달곰 선생님도 자원봉사를 하시는 거고요. 처음에는 같은 빌라에 사는 가족들끼리 모

제주 멸종위기종 어린이단

지구는 인간만 없으면 돼

This is our acting

여서 정기적으로 쓰레기 줍기를 했는데, 김한숙 할머니가 그걸 보시고 다른 아이들도 함께할 수 있는 마을 프로그램으로 만드셨대요.

우리 동네에는 지구와 어린이를 사랑하는 좋은 어른들이 많아서 행운이라고 생각하고 있어요.

**7. 캠페인을 하면서 재미있었던 일이 있으면 말해주세요.**

이룸    동생들이랑 다 같이 동아리방에서 피켓을 만들었던 것이 재미있었어요. 우리가 맨 앞에 앞장서서 나가면 동생들이랑 어른들이 우리를 따라오는 것도 재미있었고요.

주아    처음 캠페인을 시작할 때는 창피했는데 계속 하다 보니 자신감이 생겼어요. 우리가 어른들보다 구호도 더 잘 외워요. 지금은 어른들이 구호를 잊어버리면 우리가 알려준다니까요?

이룸    2019년 12월 17일에 있었던 첫 번째 캠페인 때 제주의 구도심인 커먼즈필드 제주-칠성로 지하상가-동문시장을 행진했어요. "멸종 위기 어린이를 구해주세요!"라고 구호를 외쳤어요. "기후위기비상행동!"이라는 청소년 기후활동가 언니들한테 배운 8박자 구호도 외쳤고요.

한별    동문시장에서 장사하시는 아주머니가 "너희 멋진 일 한다."라고 해주셔서 기분이 좋았어요. 칠성로에서 만난 경찰 이모는 손을 흔들어 인사도 해주었어요. 캠페인을 하면 부끄럽지만 다른 사람에게 알릴 수 있고 관심을 갖게 할 수 있어서 뿌듯해요.

주아 　매년 1월 1일에 제주 중문 색달해수욕장에서 펭귄수영대회가 열려요. 그래서 펭귄수영대회에 맞게 '펭수'를 주인공으로 그려서 피켓을 준비하고, "기후위기! 펭귄을 살려 주세요!"라고 구호를 외쳤어요. 우리 엄마 목소리가 마이크 소리보다 더 컸어요. 아빠들과 다른 가족들도 함께해서 신났어요.

한별 　사려니숲에서 캠페인을 할 때 만난 아저씨들이 피켓 문구를 이렇게 써보라고 하시며 응원해 주실 때도 재미있었어요.

## 8. 다른 지역 청소년들과 함께 활동을 한 적도 있나요?

주아 　서울 광화문에서 결석시위를 했던 청소년 기후활동가 언니들을 제주에서 만났어요. 제주도의 기후위기 피해가 심각해서 현장을 보러 온 것이라고 해요. 제주도에 사는 우리는 환경이 파괴되는 것을 잘 모르고 있었는데, 오히려 멀리서 관심 가지고 있는 사람들이 많다는 게 놀라웠어요. 언니들은 캠페인을 재미있게 해야 더 많은 사람들이 동참한다면서 8박자 구호를 가르쳐주었어요. 그래서 우리도 다음부터는 그 구호를 외치면서 행진을 더 재미있게 하게 됐어요.

한별 　어떤 고등학생 오빠는 제주도에 제2공항과 대형 동물원이 생기는 걸 반대하고, 사려니숲 도로가 확장되는 것을 막기 위해 친구들과 제주도에 왔다고 했어요. 그 말을 듣고 사려니숲길에 나무가 잘린 것을 보니 더 마음이 아팠어요.

이룸  저는 꿈나무 푸른교실에서 환경 기사를 쓸 때 새로운 친구들을 만나게 돼요. 그 친구들과 제주도의 구상나무가 죽어가는 모습과 바다쓰레기 문제, 화학물질, 환경비용에 대한 기사를 쓰면서 자료를 찾아보고 공부도 하죠. 모두들 환경에 대해 관심이 많아서 같이 취재를 하거나 이야기를 나누며 생각을 발전시켜나가고 있어요.

**9. 캠페인을 하면서 생각이 바뀐 게 있었나요? 느낀점을 말해주세요.**

이룸  내가 크면 지구가 어떻게 될지 두려웠어요. 과학자들은 지금처럼 온실가스를 배출하면 지구 온도가 1.5℃ 이상 상승하고, 그러면 지구는 영영 회복되지 못할 수 있다고 경고해요. 그런데도 어른들은 왜 가만히 있는지 모르겠어요. 지구를 생각하니 미안한 마음이 들어요. 그래서 다른 사람들에게도 기후위기가 심각하다는 사실을 더 적극적으로 알려야겠다고 생각했어요.

주아  우리가 열심히 활동할수록 사람들이 기후위기에 대해 더 많이 알게 될 테고, 환경도 좋아질 수 있지 않을까 해요. 저 역시 전에는 관심이 없었는데, 기후위기에 관심을 가지면서 길가의 쓰레기가 눈에 띄고 과학 잡지에도 기후나 환경에 관한 기사가 나오면 자세히 보게 되었거든요.

**10. 나와 우리 가족이 환경을 보호하기 위해 하고 있는 일은?**

이룸 우리 집에는 재활용 쓰레기장에서 주워다 쓰는 물건이 많아요. 아직 쓸 만한 데도 값이 싸고 새로운 디자인이 자꾸 나오기 때문에 너무 쉽게 사고 쉽게 버린대요. 저는 어릴 때부터 옷을 다 물려 입었는데, 엄마는 그게 복이래요.

바다나 오름에서 놀다가 돌아갈 때 주변에 있는 쓰레기도 주워 와요. 무언가가 내 눈에 들어오는 이유는 내가 '해결해야 되는 문제라고 인식하기 때문'이래요. 그래서 우리 가족은 눈에 보이는 문제를 해결하기 위해 모두 노력하고 있어요.

주아 우리 집은 텀블러와 장바구니를 꼭 쓰고 있어요. 어디 놀러갈 때는 도시락과 물을 집에서 챙겨가요. 예전에는 동생이 무섭다고 화장실 불을 켜놓고 잤는데 지금은 전기를 아끼기 위해 끄고 자요. 안 쓰는 전기 코드는 다 뽑아놓고요.

한별 저는 지구의 날, 전 세계 전등 끄기 캠페인을 하면서 촛불을 켜고 있을 때 지구와 환경에 대해 생각할 수 있어서 좋았어요. 어린이 환경수비대에서 천연 선크림을 만들면서 선크림 성분이 바다에 나쁘다고 배웠어요. 그래서 여름에 제주 바다에서 놀 때 선크림을 바르지 않아요.

주아     제주도는 초원이 넓어서 말이나 소들이 많아요. 푸른 목장은 예쁘지만 동물이 인간 때문에 많은 희생을 당하고 있다는 생각이 들어요. 제주도에서는 돼지도 많이 기르는데 축사 근처를 지날 때마다 고약한 냄새가 나요. 우리가 먹는 동물들을 키우는 과정에서 이산화탄소가 많이 나온대요. 소 방귀에서도 메탄가스가 많이 나온다고 하고요. 우리 엄마는 채식을 하셔서 고기를 안 드시고, 저희도 가끔씩만 먹는 편이에요.

이룸     친환경 에너지 실험을 위해 유튜브를 보고 미니 태양열 오븐을 만든 적이 있어요. 다음에는 더 크게 만들어서 고구마를 구워보고 싶어요. 그래도 제주도는 오름과 한라산, 바다가 있고 풍력발전소와 태양광발전소가 많이 있는데요, 다른 지역은 그렇지 않대요.

    기후위기 캠페인을 하면서 지구에게 미안한 마음이 더 커졌어요. 전등 끄기 캠페인을 할 때 촛불을 켜고 있으면서, 어린이들이 이런 캠페인을 해야 할 정도로 자연을 마구 훼손하는 사람들이 많다는 것에 화가 나기도 했어요. 지구가 아프면 사람도 아파요. 사람들이 조금 덜 쓰고, 덜 먹고, 물건을 조금만 만들어냈으면 좋겠어요.

한별     자동차랑 비행기도 덜 타야 해요. 코로나 덕분에 공장도 멈추고 비행기도 덜 타고 하면서 전 세계의 공기가 깨끗해졌대요. 인간이 동물과 지구를 그만 괴롭혔으면 좋겠어요.

| 주아 | 화력발전소도 없애야 해요. |
| --- | --- |
| 이룸 | 정치인들이 환경을 생각했으면 좋겠어요. 기업도 환경을 생각하며 물건을 만들어야 하고요. 지구와 같은 환경은 아무리 많은 돈이 있어도 살 수 없어요. |

# 안녕?

우리는
1.5도씨야

'기후위기'라는 단어가 네게 어떻게
닿았을지 모르겠어. 당황스럽고,
우울하고, 화가 났을까? 아니면
아무렇지도 않았을까?
우리가 지구에게 준 피해는 감히
상상할 수 없어. 속상하게도 우리의
마음과는 상관없이 지금 이 순간에도
기후위기는 진행되고 있어.

**또바기**
광주 청소년삶디자인센터 버리(스태프)이자 청년 활동가입니다. 기후
가 변화하는 것을 넘어 위기에 처해 있다는 사실을 인식하고, 공부하고
행동하기 위해 모인 청소년 기후위기 행동 모임 '1.5도씨'를 지원하고
있습니다. 1.5도씨는 2019년 9월부터 기후위기와 관련된 책을 읽고,
영화나 다큐멘터리를 보고, 전문가 초청 강의를 듣고 있으며, 2020년
1월부터 매주 금요일마다 광주시청 앞에서 기후위기 경고 메시지가 담
긴 피켓을 드는 '금요행동'을 하고 있습니다.

너는 어떤 미래를 꿈꾸며 하루하루를 살아가고 있니? 나는 요즘 걱
정이 참 많아. 지구가 너무 뜨거워져 내가 녹아버리진 않을까? 코
로나19와 같은 바이러스로 인류가 사라지지 않을까?

날씨는 점점 더워지는데 마스크를 쓰면서 생활하는 것이 답답
하고 힘들어 죽을 지경이야. 너는 이런 상황이 두렵지 않니? 코로
나 이전 시대로는 돌아갈 수 없다고 하는데⋯⋯. 지금 이 시대를 어

떻게 살아야 하지? 30년 뒤, 나는 무엇을 하고 있을까? 아니, 살고는 있을까?

묻고 답하기를 반복하면서 지구가 내게 보내는 고통스러운 신호가 들려오기 시작했어. 인간 때문에 아파하는 지구의 처절한 몸부림이 이상 기후 현상으로, 코로나19라는 바이러스로 인간을 향해 오고 있는 것만 같아.

더 이상은 버티기 힘들어하는 지구의 모습을 보면서 뭐라도 해야겠다는 생각을 하던 2019년 여름, 우리는 광주 청소년삶디자인센터(이하 삶디)에서 '그레타 툰베리와 함께'라는 제목의 기후위기의 심각성을 일깨우는 강연을 듣게 되었어. 그 자리에 있었던 청소년들이 '1.5℃ 모임'을 만들었지. '지구 평균 기온이 1.5℃ 이상 상승하지 않아야 한다'는 염원을 담아 이름을 지었어.

사실은 이미 피해를 입고 있는 생명들이 있어서 1.5℃라는 기준은 충분치 않아. 그래도 사람들에게 이 정도는 꼭 지켜내자 말하고 싶고, 우리들의 다짐을 두고두고 잊지 않고 싶었지.

'기후위기'라는 말을 처음 듣고 너무 당황했어. 날씨가 이상한 것을 넘어 기후가 위기에 처해있다니. 왜 이제야 알았을까? 아니, 일찍 알아도 문제라고 생각했을까?

나는 너무 무기력해졌어. 무섭기도 했고. 또 앞으로 나의 미래가 없어질 수 있겠단 생각에 잠을 못 이루기도 했어.

나의 일상적인 행동이 수많은 생명들을 해치고 있다니 괴로웠어. 주변 사람들에게 "기후가 위기래"라고 외쳐도 "일회용품 이 편리한 걸 어떻게 안 써?", "에어컨 안 틀면 더워서 녹아버릴 것 같아!"라는 답만 돌아왔어. '내가 너무 예민한가?' 싶을 정도였지.

그런데 위기를 전혀 느끼지 못하는 사람들을 보면서 무기력하게 있을 수만은 없었어. 우리를 무기력하게 하는 주제이더라도 외면하지 말고, 대면하자고 다짐했어.

작은 것부터 시작하자는 생각으로 일상을 돌아보았고, 앞으로 어떻게 행동하며 어떤 꿈을 꾸고 살지 이야기했어. 조그만 희망이 생기면서 자연스럽게 우리는 '행동하는 사람'이 되어갔지. 심각한 문제이지만 즐겁게 풀어나가자고 다짐했어.

우리가 무엇을 해야 할지 생각하니, 답은 하나뿐이었어. 행동!

먼저 '기후위기'라는 사실은 알지만, 사람들을 설득하기엔 부족했어. 그래서 잘 알고, 잘 설명할 수 있도록 공부하기 시작했지. 매주 목요일 저녁 삶디 열린책방에 모여 맡은 부분을 읽고 발제한 뒤 질문과 의견을 나눴어. 《파란 하늘, 빨간 지구》, 《1.5 그레타 툰베리와 함께》와 같은 책, 《녹색평론》, 《바질》 등의 잡지, 그리고 환경 다큐멘터리를 보고, 채식 요리도 만들어 먹으면서 머릿속을 튼튼하게 채우고, 마음을 단단하게 세워가고 있어. 혼자가 아니라 여럿이 함께 하니 용기도 더 생기고 신나게 할 수 있지.

이렇게 우리가 할 수 있는 것부터 시작하니 일상이 변하기 시작했어.

육식을 줄이고, 텀블러와 스테인리스 빨대, 반찬통과 손수건 등을 가지고 다니며 일회용품을 줄이고, 걸어 다니거나 자전거를 탔어.

우리는 여기서 한 발짝 더 나아가기로 결심했어. 개인의 실천에서 거리 실천으로 영역을 넓히기로 한 거야. 그렇게 우리는 피켓을 들었어. '기후위기를 알리는 금요행동'에 2020년 1월부터 지금까지 나가고 있고(코로나19로 인해 온라인에서 피켓을 들었지), 광주에서는 시청, 교육청, 5개 자치구 앞에서 시민들이 꾸준히 금요행동을 이어가고 있어. 생전 처음 해보는 것투성이라 혼자 했다면 엄두도 못 냈을 일이지만, 함께여서 하나씩 하나씩 해낼 수 있었어.

행동을 하다 보면 우리와 갈등을 빚는 사람들도 생기기 마련이야. 피켓팅이 외면당하고, 함께 먹을 음식이 조율이 안 될 때, 자연스럽게 일회용품을 사용하는 모습이 보일 때 마음이 불편한 것은 사실이야.

하지만 행동하는 나와 그렇지 않은 사람들. 이렇게 구분짓고 싶지는 않아. 우리는 고기를 먹지 않지만, 그렇다고 고기 먹는 사람을 나쁘게 생각하지 않아. 우리가 옳다고 생각하지도 않지. 우리의 행동이 불편한 사람들도 당연히 있을 거야.

이 모임을 하면서 내 목소리를 내고 행동하는 것에 얼마나 큰 책임이 따르는지를 알게 되었어. 우리가 잘난 척하는 것처럼 보이는 건 옳지 않다는 것도 알았고.

'기후위기'라는 단어가 네게 어떻게 닿았을지 모르겠어. 당황스럽고, 우울하고, 화가 났을까? 아니면 아무렇지도 않았을까?

우리가 지구에게 준 피해는 감히 상상할 수 없어. 속상하게도 우리의 마음과는 상관없이, 지금 이 순간에도 기후위기는 진행되고 있어.

우리가 벌인 문제들에 대해서 책임을 지는 성숙한 지구공동체가 되었으면 해. 나의 작은 행동 하나가 어떤 영향을 미칠지 생각하고, 내 삶을 조금씩 변화시켜 행동하는 사람이 된다면 이 위기에서 벗어날 수 있지 않을까? 인류도 한층 더 성장할 테고.

기후위기 행동모임 1.5도씨. 우리는 가능과 불가능을 떠나 지구인으로서, 1인분의 몫을 하기 위해 모였어. 우리가 모인 목적을 잊지 않고 기후위기에 대해 공부하고, 알리고, 삶에서 실천하며 지치지 않고 즐겁게 이어가려 해.

훗날, 누가 우리에게 '기후위기의 시대를 어떻게 버텼냐'고 묻는다면, "나는 기후위기를 삶을 바꿀 기회라 생각했고, 그 시간을 그냥 흘려보내지 않았어"라고 답할 수 있었으면 해. 모두가 멸종의 위기 앞에서 어떻게 살지 치열하게 고민했고, 나름대로 답을 찾았다고 말할 수 있기를!

'1.5도씨 모임'은 11명이 함께하고 있어. 각자에게 '기후위기가 내 삶을 어떻게 변화시켰는지' 물어 봤더니 이렇게 답했어.

쓰담    나는 세상을 보는 게 달라졌어. 아무래도 기후변화가 모든 생활을 아우르는 문제이다보니, 일상 하나하나가 다르게 보이더라고.

민김이    사람들이 모이는 곳에 가면 쓰레기가 얼마나 나오는지, 그리고 동물을 얼마나 소비하고 있는지를 보게 되는 것 같아.

달복    집에서는 내가 공상에 빠져있는 애라고 생각해. '지구 멸망이니, 기후위기니, 그런 말은 다 헛소리다. 마치 2012년에 지구가 멸망한다고 했던 말과 같다'라고 아직까지도 그러고 계시지.

나무    사람들에게 환경 실천을 제안할 때 어떤 말을 해야 듣는 사람에게 더 잘 가 닿을지, 자기 일처럼 여길 수 있을지 고민하게 되었어.

골무    기후행동을 하면 진짜 중요한 곳에 시간을 쓰고 있다는 느낌이 들어. 행복한 일이야.

모리    기후위기가 내 삶에 들어오고 나서는 지구와 인간이 아닌 존재들의 관점에서 생각하게 되었어. 최근에는 친구가 과제를 한답시고 동물원에 가는 걸 따라갔는데 더운 날, 그 좁은 아스팔트 위에서 힘없이 늘어져 있는 동물들에게 인

©광주 청소년삶디자인센터

간으로서 너무 미안했어.

주쓰    일회용품으로부터 완벽하게 자유롭진 않지만 사용을 자제하기 위해 다회용품을 챙겨다니고 있어.

코니    지구에서 내가 얼마나 작은 존재인지, 전에 비해 확실히 느끼면서도 동시에 '나 하나쯤'이라는 생각은 덜 하게 된 것 같아.

오늘이    지구의 온도가 1.5℃로 상승하기까지 얼마나 남았고, 그후 어떤 재앙이 덮칠지 경고하는 과학자의 말을 듣고 마음이 급박해졌어.

또바기    난 예민한 사람이 되었어. 세상의 문제에 자연스럽게 시선이 가는, 이 예민함이 좋아.

우리가 할 수 있는 작은 실천을 하기 위해, 삶 디센터에서는 조금 느린 카페 '크리킨디'와 '세상 에서 가장 느린 식당'을 운영하고 있어.

### 카페 크리킨디

카페의 이름에 얽힌 이야기부터 해 줄게. '크리 킨디'라는 벌새가 살고 있는 숲에 불이 났대. 다른 동물들은 모두 도망가기 바빴지만, 크리킨디는 조 그마한 부리에 물을 머금고 불을 향해 열심히 물 방울을 떨어뜨렸지. 도망가던 친구들은 비웃었지 만 크리킨디는 이렇게 말했어. "내가 할 수 있는 일을 하는 것뿐이야." 카페 크리킨디는 너와 내가 연결된 생태적 관계를 먼저 생각하고, 지금 할 수 있는 것부터 실천하는 조금 느린 카페야.

### 세상에서 가장 느린 식당

10대 농부 요리사들이 모여 만든 식당이야. 직 접 심고 기른 재료로 요리하고, '좋은 음식이란 뭘 까?'를 고민하지. 먹거리 공부를 통해 지속 가능한 삶을 상상하고 배우고 있어. 이곳의 식탁에 오르 는 음식은 십 대 요리사들이 직접 씨 뿌리고, 기르 고, 수확해서 요리한 '세상에서 가장 느린 요리'야.

©광주 청소년살디자인센터

**This is our acting**

# 당신들에게는 미뤄도 될 문제입니까?

## 우리에게는 생존의 문제입니다.

성대골[1] 에너지자립마을은 2011년부터 에너지 운동을 펼쳐온 마을 기반 시민운동 단체입니다. 핵 발전의 위해성, 온실가스 문제 등 각종 지구 문제에 대해 목소리를 내 오다가 2015년부터는 '리빙랩[2]' 방식을 도입해 2016년, '마을 연구원'을 창단했습니다.

창단 당시 300여 명의 성대골 주민들을 모아 워크숍을 진행했는데, 그중 49명이 마을 연구원 멤버로서 성대골의 에너지전환 실험에 적극적으로 참여하고 있습니다. 마을 연구원들은 에너지전환을 위해 기술, 자금, 홍보와 교육 3가지 과제를 선정한 뒤, 이 문제를 해결하기 위해 팀을 나눠 활동하고 있습니다. 지금까지 기술 팀은 태양광을 DIY로 설치할 수 있는 새로운 제품을 출시했고, 자금 팀은 동작신협과 함께 '우리집 솔라론'이라는 우리나라 최초의 무이자 금융상품을 출시했습니다. 홍보교육 팀은 '비전력놀이연구소'라는 연구소를 만들어 에너지전환에 대해 알리고, 태양광에 대한 인식을 개선하는 일을 하고 있죠.

1   서울 동작구 상도 3동, 4동 일대
2   Living Lab, 단어 그대로 '살아있는, 생활실험실'을 뜻합니다. 현장에서 사회 문제를 발견하고 해결해나가는 일련의 과정으로, 유럽에서 에너지전환을 이끌었던 방법론이기도 합니다.

**This is our acting**

2019년부터는 저변을 넓히고 10대와 20대들의 관심과 참여도 적극적으로 독려하기 위해 지역의 학교와 연계한 프로그램을 진행했습니다. 그 결과 건축가, 배우, 중학생과 고등학생 등 에너지 자립에 관심 있는 다양한 계층의 사람들이 마을 연구원으로 활동하게 되었습니다.

2020년 7월, 성대골 에너지자립마을 김소영 대표와 10대 마을연구원 5명이 온라인으로 모였습니다. 2시간 넘는 시간 동안 각자가 생각하는 기후위기와 진행해온 활동, 또래 친구들에게 전하는 당부 등을 나누었는데요, 그 기록을 여기에 남깁니다.

**진행자 김소영**(이하 진)
후쿠시마 핵발전소 사고 뒤, 에너지문제는 내 삶과 직결되고 지역사회에서 풀어야 하는 문제라는 것을 깨달으면서 다양한 활동을 이어오고 있습니다. 서울 동작구 성대골에서 '에너지슈퍼마켓'을 이끌고 있고, 성대골 마을닷살림협동조합 이사장을 맡고 있습니다.

**패널 송수빈**(이하 송)
고등학교 2학년. 중학교 때부터 환경문제에 대한 관심이 있었는데, 고등학교 때도 이어가고 싶어서 마을연구원으로 활동하고 있습니다.

**패널 유정민**(이하 유)
만 19세. 학교에서 환경동아리 활동을 하면서 이 분야에 관심을 가지게 되었고, 동아리 선생님의 추천으로 성대골 마을연구원 활동을 시작했습니다. 학생이기 때문에 학교 울타리를 벗어나지 않는 활동을 주로 하고 있는데, '에너지수호천사단' 등의 캠페인을 벌일 때 생각보다 친구들이 무관심해서 상처받았던 기억이 나요.

**지구는 인간만 없으면 돼**

**패널 이승준(이하 이)**

만 19세. 저 역시 학교에서 환경동아리 활동을 하면서 자연스럽게 에너지문제에 관심을 가지게 되었고요, 반 년 정도 연구원으로 활동하고 있습니다. 2019년 여름, 취약 계층을 대상으로 폭염 실태 조사를 했는데 그 일을 계기로 더 깊은 관심을 가지게 되었어요.

**패널 전서희(이하 전)**

고등학교 3학년. 성대골에 있는 국사봉 중학교를 다니며 에너지자립마을 활동에 참여하게 되었고, 자연스럽게 환경문제에 관심을 가지게 되면서 계속 활동을 이어가고 있습니다.

**패널 정혜영(이하 정)**

고등학고 2학년. 중학교 때 학교에서 환경 위기에 대한 이야기를 들으면서 10대이지만 어떤 일이라도 하고 싶다고 생각했고, 제가 살고 있는 동네에 에너지 슈퍼마켙이 있어서 연구원으로 참여하게 되었어요. 이 활동을 하면서 친구들에게도 적극적으로 환경오염과 기후위기에 대해 알리고 있습니다.

진　청소년 마을 연구원들에게 '기후위기'와 이를 해결하기 위한 대안으로서 '에너지전환'에 대한 생각을 듣기 위해서 오늘 자리를 마련했습니다. 우리가 함께 하고 있는 '에너지전환'이 빨라야 20~30년 걸리는 일이잖아요? 시작은 선배세대들이 했지만, 결국 이 일의 완성은 미래세대들이 맡아줘야 하기 때문에 면목이 없지만 자꾸 부탁도 하고, 함께 하자고 이야기하게 되네요.

전　사실 처음에 활동을 결심하기까지 고민을 많이 했어요. 환경문제에 대한 관심은 있지만 그렇다고 잘 알고 있지는 않기 때문에, 공부를 많이 해야 하고, 시간도 많이 쏟아야 되지 않을까 생각했어요. 계속 확신이 없다가, 지난해에 규모가 큰 활동 발표회를 하고 나서 용기를 얻었어요. 아직도 배경지식은 많이 부족하지만 저 같은 10대가 더 관심을 가지고, 칼럼도 읽어보고 하면서 여력이 되는 데까지 적극적으로 활동해야겠다는 생각을 하게 되었어요.

진    서희 연구원은 학급에서 기후 소모임도 추진하고 있다고 했죠?

전    네, 그런데 다들 학업 때문에 바쁘다보니, 쉽지가 않더라고요. 그래도 2020년 2학기무터 2명이 함께 하고 있어요.

이    저랑 정민이는 환경동아리 활동을 하고는 있었지만 에너지전환이 기후위기의 대안이 될 수 있다는 생각은 하지 못했어요. 인터넷에 찾아봐도 운동에너지, 열에너지 같이 과학적인 지식밖에 나오지 않고요. 하지만 마을연구원 활동을 하면서 우리 삶과 직결되는 문제라는 걸 알게 되었고, 특히 취약 계층 인터뷰 같은 프로젝트를 진행하면서 이게 우리 모두가 고민해야 할 주제라고 깨달았어요.

진    자연스럽게 활동 주제로 넘어가네요. 기후위기나 에너지문제와 관련해서 했던 활동에 대해서 듣고 싶네요. 방금 승준 연구원이 이야기했던 취약 계층 인터뷰에 대해서 자세히 들어볼 수 있을까요?

이    저랑 정민이가 2019년에 취약 계층 어르신분들 인터뷰를 했어요. 그런데 폭염과 한파에 대응하시는 모습이, 사실 좀 충격적이었어요.

어르신들의 한 달 전기요금과 가스요금 확인을 했는데요, 한여름이나 한겨울에도 만 원이 나오지 않을 정도로 안 쓰시는 거예요. 그야말로 '버티시는' 거죠. 자녀분들이 선풍기나 온수매트를 사드려도 안 쓰신다고 하더라고요. 어디 구석에다가 두셨는데, 보니까 새 거예요. 겨울을 어떻게 나시냐고 했더니 소파 위가 그나마 따뜻하다 하시면서, 추우면 그 위에서 주무신대요.

유    그 인터뷰를 하고 보고서를 쓰는데요, 사회 관계망이 정말 중요하다는 생각이 들었어요. 대부분 어르신들이 집에 혼자 계시는데요, 그래도 복지관 같은 데도 가시고 가족 분들도 놀러 오시고 이러면서 관계망이 잘 형성이 된 분들은 좀 건강히 지내시더라고요. 그런데 기후위기 때문에 폭염이 심해지고, 폭우가 내리고, 한파가 닥치고 하면 이 분들이 밖에 나가지 못하시는 거예요.

이    그런데 이런 실태를 잘 모르는 사람들은 '에너지 효율이 좋은 에어컨을 사드리자' 같은 엉뚱한 해결책을 내놓는 거예요. 앞에서 말씀드렸듯이 좋은 가전제품을 드려도 안 쓰세요. 전기세를 아껴야 식사를 하실 수 있는 형편이고, 혹은 쓸 줄 모르실 수도 있고요.

진    맞아요. 이런 것들을 관리하는 주요 부처가 행정안전부인데요, 정부에서 실질적인 연구가 필요하다는 생각은 들어요. 취약 계층의 24시간 안녕을 살피는 기술 개발과 도입을 위해서 어마어마하게 연구비가 많이 나가는데, 실질적으로 도움 되는 게 별로 없어요. 예를들어 '1인 노인가구에 AI 스피커를 보급하자' 같은 정책이 나와요. 그런데 이걸 능숙하게 사용하실 수 있는 분들이 거의 없는 거죠. 위험에 처했을 때 AI 스피커를 이용해서 구조요청을 하라고 하는데 사람이 '내가 지금 위험하구나' 이 자체를 인지하는 게 쉽지 않아요.

이    그리고 학교 활동 중에서는 작년에 환경 동아리 활동을 하면서 캠페인을 벌였던 게 기억에 남는데요, 4월에는 일회용품 줄이기, 5월에는 채식하기 이런 식으로 주제를 정해 알리는 캠페인을 했어요.

유    그때 저도 같이 캠페인을 했어요, 캠페인 이름이 '에너지 수호천사단'이었는데요. 플라스틱과 미세플라스틱 사용을 줄이자, 분리수거를 잘하자는 내용으로 피켓을 만들어서 점심시간에 돌아다니면서 퀴즈를 내고 맞히면 간식을 주는 형식이었어요. 그런데 참여도가 정말 낮았어요.

이    그나마 간식 받으려고 참여하는 친구들은 좀 있었는데, 대부분 관심이 없어요. 고2, 고3들은 생활기록부 신경 쓰느라 더 그렇고요.

     20년 5월에 채식을 주제로 캠페인을 했거든요. 우리의 육식이 얼마나 환경에 나쁜 영향을 끼치는지 알리고 그러니까 채식을 좀 더 생활화하자고 했죠. 한 달 동안 캠페인을 하고 채식 인증 사진을 보내면 추첨해서 선물을 주는 이벤트를 준비했었는데, 2명인가 3명 밖에 참여하지 않은 거예요. 그것도 다 환경동아리 애들이에요. 참여가 너무 적어서 불쌍하다고 도와준 거였어요.

유 단 몇 명이라도 알게 되면 좋겠다는 마음으로 끝까지 진행했는데, 사실은 좀 절망적이었어요.

전 저는 솔직히 고등학교 와서는 활동을 많이 못했어요. 중학교 때는 그래도 외부 활동을 열심히 했는데, 한 번은 신고리 5, 6호기 건설에 대한 찬반 토론에 참가한 적이 있거든요. 저는 탈원전으로 가기 위해서 신고리 5, 6호기 건설 정책은 폐기해야 한다는 입장이었어요. 저는 당연히 대부분 친구들이 반대 입장일 줄 알고, 학회에서 나눠주는 자료만 보고 토론회장에 갔거든요. 그런데 찬성 편에서 토론에 참가한 애들이 엄청나게 많더라고요. 게다가 주장에 대한 근거를 엄청나게 준비해가지고 온 거에요. 다른 생각을 가진 사람들이 많다는 데에 혼란스럽기도 했고, 충격도 받았어요. 결국 토론에서는 졌는데요, 그 일을 계기로 좀 더 관심을 가지게 되었으니 전화위복이 된 것 같아요.

송 저는 중학교 3학년 때 학생회장을 맡았었는데요, 저희 학교가 에너지활동 우수 사례로 뽑혀서 서울시청에서 발표를 해야 됐어요. 자료 조사를 하고, 선생님들 도움도 받아 발표 자료도 만들었는데요, 1년 동안 특별히 많은 일을 했다고 생각하지 않았는데, 모아보니 엄청나게 다양한 이야 깃거리가 있더라고요. 우리가 생활하는 것 하나하나가 모두 환경문제와 연관되어 있었어요. 전혀 관련 없을 것 같은 과목에서도 환경에 대해 이야기하고 있었고요. 그때 앞으로도 이런 활동을 계속 이어나갔으면 좋겠다는 생각을 강하게 했어요.

정　저는 중학교 때 사회적협동조합 동아리를 했던 것이 기억에 남아요. 특히 20만 원 예산으로 친환경 사업을 기획하는 봉봉마켓을 열심히 준비했었는데, 재활용 전구도 만들고, 외래종을 찾아내는 환경 게임도 개발하는 등 다양한 시도를 해볼 수 있었어요. 상품으로 대나무칫솔을 같은 친환경 제품을 준비했는데, 친구들이 관심 가지고 적극적으로 참여해줘서 고마웠고요. 행사로 얻은 수익금은 탄자니아에 기부를 했는데 그것도 굉장히 의미 있는 일이었어요.

진　10대들이 이렇게 적극적으로 활동하는 이야기를 들으니, 저도 좀 반성하게 되네요. 그런데 이런 활동을 하면서 새로 알게 된 사실이 있나요? 혹은 충격적으로 와 닿았던 내용이라든지.

송　중학교 때 '1.5도 보고서'에 대해 알게 되었는데요, 그 전에는 모르고 있었던 사실이어서 쇼킹했어요. '지구와 그 안에 사는 우리 인류가 큰일 나게 생겼는데, 우리는 지금 뭘 하고 있는 건가?' 그런 생각이 들었어요.

정     저도 수빈이랑 같이 수업을 들으면서 1.5도 보고서에 대해
      알게 되었을 때가 제일 충격적이었어요.

전     저는 중학교 들어가서 독서토론 동아리를 하면서 놀란 적
      이 있는데요, 세계적인 에너지 활용 추세와 우리나라의 추
      세가 완전히 극과 극이었기 때문이에요. 전기 사용이라던
      가 그런 에너지 사용 추세가, 세계적으로는 하락세인데 우
      리나라는 너무 압도적으로 올라가고 있었어요. 그런데 돌
      아보니, 저도 전기를 공기처럼 생각하고 있더라고요. 이 스
      마트폰도 전기를 사용해서 충전하는 건데, '전기를 사용하
      는구나' 의식 없이 그냥 당연히 충전기를 꽂잖아요.

이     저는 얼마 전에 뉴스 기사 하나를 접한 적이 있었는데요,
      대한민국에서 온실가스 배출량이 줄어들었던 적이 딱 2번
      있었다는 내용이에요. 수년간 전 세계 과학자들이 지구온
      난화가 엄청나게 심각한 문제이고, 온실가스 배출을 줄여
      야 한다고 이야기해왔는데도 우리나라에서는 그 반대의
      결과가 나오고 있다는 사실을 믿고 싶지 않았어요. 과학자
      들이 아무리 심각하게 얘기해도 귓등으로 듣지도 않았다
      는 게 충격적이기도 했고요.

진     그래요. 혹시 승준 연구원처럼 활동을 하면서 '좀 뜻밖이
      다' 혹은 '놀랍다'고 느낀 사실 또 있나요?

유     연구원 활동을 하면서 좀 심각하게 느낀 건 생각보다 이기
      적으로 행동하는 사람들이 많다는 사실이었어요. 바닥에

담배꽁초를 버리는 일이 흔하잖아요. 쓰레기를 분리배출 하지 않는 사람들도 많고요. 당장 조금 편하자고 이런 행동을 하는 건데요, 이건 지구뿐 아니라 주변 사람들, 가족들을 배려하지 않는 행동이라고 봐요.

그렇게 이기적인 행동을 하는 사람들을 볼 때면 따끔하게 경고하고, 논리적으로 설명도 하고 싶은데 아직 그러기엔 지식이 부족한 것 같아요. 그래서 좀 더 공부해야겠다는 생각이 들었어요. 사람들이 제 말에 귀 기울일 수 있도록, 그런 위치에 가서 설득하고 싶다는 생각을 자주 했어요.

**진** 정민 연구원 같이 평범한 학생이 얘기해봤자 듣지 않으니까, 어느 정도 영향력 있는 자리로 가서 얘기를 하면 좀 들을까, 이런 생각이 있는 거죠? 거꾸로 보면 결국 지금 영향력 있는 사람은 그런 얘기를 안 한다는 뜻이기도 하네요?

**유** 그렇죠. 진로를 결정할 때, 아니 매사의 모든 일에 '환경'을 넣어 생각해야 된다고 봐요. 대학에 가서 환경과 관련된 전공을 택하는지 아닌지가 중요한 게 아니라요, 모든 교과목에서, 행동에서 환경을 고민해야 할 것 같아요. 우리 세대가 죽고 사는 문제잖아요.

**전** 제가 청소년기후행동 활동을 잠시 했었는데요, 그때 당진 화력발전소에 갔었어요. 그런데 거기서 견학생 안내를 해주시는데, 화력발전이 깨끗한 에너지원이고 발전소에서는 안전하게 잘 관리하고 있다는 식으로 이야기하는 거예요. 저희는 환경 공부도 나름대로 했고, 기사도 많이 읽어서 비판적인 사고를 가지고 있기 때문에 '이건 뭔가 잘못됐다, 설명에 의도가 있다'라고 인식할 수 있었는데 그렇지 않은 경우에는 '와 이게 진짜 깨끗한 에너지구나. 아무 문제없겠네'라고 받아들일 수 있을 정도였어요.

진  전문가들이 오히려 문제를 왜곡해서 전달하는 경우가 종종 있죠. 서희 연구원처럼 관심을 가지고 있는 사람도 헛갈릴 정도인데, 일반 사람들은 아예 문제의식을 느끼지 못할 수도 있겠죠.

청소년 기후소송에 도움을 줬던 이소영 변호사가 지금 국회의원 일을 하고 있어요. 이소영 의원이 대정부 질문 시간에 산업부 장관에게 기후위기 대책을 물은 적이 있거든요. 한국전력에서 인도네시아 석탄 발전소 짓는 걸 돕고 있는데 온실가스 배출에 일조하는 게 아니냐고요. 그런데 발전할 때 온실가스를 배출하지 않을 정도로 기술이 발달했다고 답하는 거예요. 심지어 중국에서는 석탄에서 온실가스가 나오지 않는 기술이 개발되었다는 말도 해요. 사실이 아니거든요. 눈에 보이지 않을 뿐이지 압축시켜서 어딘가로 빼내는 거예요.

심지어 '탄소예산'이라는 단어를 '탄소를 써도 되는 예산'으로 알고 있더라고요. 온실가스 발생량 중 90%가 에

중학교 때 자연스럽게 환경 교육을
받고 나니, 저도 모르게 졸업한
뒤에도 '아, 이건 에너지를 낭비하는
일이다' 혹은 '내가 환경에 좋지 않은
영향을 끼치는 잘못된 습관이 있구나'
자각하게 되거든요. 친구나 가족들이
그런 행동을 하면 저도 모르게
잔소리를 하게 되고요. 어릴 때부터
자연스럽게 접하는 게 생각보다 큰
변화를 가져올 수 있다는 생각이
들었어요.

너지를 만드는 과정에서 나오는데 이걸 담당하고 있는 부서의 수장이 너무 관심이 없는 거죠.

전    저는 국사봉 중학교를 다녔는데요, 저희 학교는 생태 교육에 관심 있는 선생님들이 많이 계셔서 지식도 쌓고, 다양한 활동도 할 수 있었어요. 성대골 마을과 연계된 환경 관련 활동들도 학교에서 시작한 거니까요. 제가 경험해보니환경 교육은 어릴 때 할수록 좋은 것 같아요. 저랑 수빈이도 환경이나 에너지문제에 거의 관심이 없었는데 중학교들어와서 활동을 하다 보니 자연스럽게 알게 되고, 적극적인 자세가 된 케이스예요. 그런데 주변 친구들을 보면 중학

교 때는 환경 교육을 거의 받지 못했더라고요. 고등학교에
는 생태 시간이 있긴 해요. 그런데 한두 시간 정도 하고 끝
이에요. 그러다 보니, 수업 시간이 다들 '뭐 그런가 보다' 하
고 넘어가거나, 대충 내신 점수나 잘 받자는 식으로 흘러
가요. 대입이 코앞에 닥치면 더 소홀해지겠죠. 그래서 저는
중학교 때 생태와 환경 관련된 활동 시간을 많이 가지는
게 훨씬 낫겠다는 생각이 들었어요.

송    저도 같은 생각이에요. 중학교 때 자연스럽게 환경 교육
을 받고 나니, 저도 모르게 졸업한 뒤에도 '아, 이건 에너지
를 낭비하는 일이다' 혹은 '내가 환경에 좋지 않은 영향을
끼치는 잘못된 습관이 있구나' 자각하게 되거든요. 친구나
가족들이 그런 행동을 하면 저도 모르게 잔소리를 하게 되
고요. 어릴 때부터 자연스럽게 접하는 게 생각보다 큰 변
화를 가져올 수 있다는 생각이 들었어요.

진    중요한 얘기네요. 교육 현장에서 두 연구원의 말을 귀담아
들었으면 좋겠어요. 다른 분들도 바꿔야 한다고 생각한 것
들이 있나요?

유    제가 이과거든요, 승준이는 문과고. 그런데 이과 애들은 비
교과 활동을 거의 안 해요. 그러다 보니까, 정말로 공부만
잘하면 다 되는 줄 알고 앉아서 공부만 하는 애들이 생각
보다 많더라고요.

     제가 지난번에 '메탄가스가 바다에서 올라오고 있다'

이런 얘기를 했더니, 한 친구가 '그러면 과학자들이 다 해결해 주지 않겠냐'고 하는 거예요. 제가 '지금 과학자들의 예상보다 몇 백 년 앞서 이런 일이 일어나는 거다' 하니까 '그러면 어차피 이렇게 된 거 에너지를 앞당겨서 쓰고 나중에 해결하면 되지 않겠냐'더라고요. '그게 뭐가 문제야?'라면서 무관심한 태도를 보이는 친구들도 있고요. 다들 이런 일에 너무 관심이 없고, 심각성도 못 느껴요. 이렇게 살아 있는 지식 없이 대학만 가서 뭐가 될까, 생각하면 암담해요. 화도 나고요.

앞서 이야기 나온 것처럼 고등학교 때 환경 교육을 하는 게 무슨 의미가 있나 싶어요. 애들은 생활기록부 쓰고 이런 거에 바쁘지 다른 일에는 관심 없거든요. 수시 모집이 축소되면 그나마도 점수 때문에 환경 활동을 하던 친구들까지 없어질까 걱정되네요.

전  고등학교에 와보니 이해가 되는데, 다른 활동을 할 시간이 정말 없어요. 특히 이번에 중간고사 보고 현실을 깨달았거든요. 애들이 정말 열심히 하더라고요. 교과 내신 점수 챙길 시간도 부족한데, 활동을 하자니 둘 다 잘할 자신이 없고. 그래서 어쩔 수 없이 밀어두다보면 아예 관심에서 멀어지고. 이런 악순환이 반복되는 것 같아요.

진  여러분의 말이 모두 이해돼요. 결국 모든 교과나 학교생활, 그 외 활동에서 자연스럽게 환경에 대한 이야기를 하는 게

제가 지난번에 '메탄가스가 바다에서
올라오고 있다' 이런 얘기를 했더니,
한 친구가 '그러면 과학자들이 다
해결해 주지 않겠냐'고 하는 거예요.

제가 '지금 과학자들의 예상보다 몇
백 년 앞서 이런 일이 일어나는 거다'
하니까 '그러면 어차피 이렇게 된
거 에너지를 앞당겨서 쓰고 나중에
해결하면 되지 않겠냐'더라고요.

'그게 뭐가 문제야?'라면서 무관심한
태도를 보이는 친구들도 있고요. 다들
이런 일에 너무 관심이 없고, 심각성도
못 느껴요.

이렇게 살아 있는 지식 없이 대학만
가서 뭐가 될까, 생각하면 암담해요.
화도 나고요.

최선일 텐데요, 자연스럽게 다음 주제와 연결이 되네요. 환경이나 기후위기 문제에 관심은 있는데 어떻게 해야 될 지 모르는 또래 친구들에게 해주고 싶은 얘기가 있다면? 혹은 2020년에 코로나 19 사태를 겪으면서 느낀 점이 있다면 말해주세요.

이　　환경에 관심 있고 적극적으로 행동하고 싶은 10대들에게 추천할 수 있는 것은, 일단 '검색'이에요. 인터넷을 찾아보면 환경 관련된 여러 활동들을 쉽게 볼 수 있어요. 봉사를 하고 싶다면 '공원 환경 정화 활동' 같은 것도 있고요, 각 지역이나 단체에서 하는 여러 가지 특강도 있고요. 요즘은 온라인 특강도 많아요. 그래서 좀 더 적극적으로 그런 것들을 찾아봤으면 해요.

　　거창하게 그런 활동에 참여하지 않더라도, 일상생활 속에서 환경을 생각하는 선택들을 좀 더 자주 할 수도 있어요. 예를 들어 어디에 갈 때, 대중교통을 선택할 수 있고, 걷거나 자전거를 탈 수도 있고, 혹은 택시나 자가용을 탈 수도 있는데요, 가능한 탄소를 더 적게 발생시키는 이동수단을 택하는 자세가 필요해요.

전　　친한 친구 생각이 나는데요, 환경에 관심은 많은데 적극적으로 나서서 행동하기는 어려워하는 애가 있어요. 이런 모임에 대해 여러 번 이야기했는데도 학교 활동이나 내신 성적 관리 등 현실적인 제약 때문에 망설이더라고요. 사실

저 역시 비슷한 고민을 하는 입장이라 강력하게 얘기하지는 못하겠더라고요. 그래서 일상에서 실천하는 걸 추천했어요.

에어컨 덜 켜고, 쓰지 않는 전깃불 끄고, 수돗물 아껴 쓰고, 일회용품 덜 쓰고. 이런 일부터 해보라고요. 귀찮은 일이긴 하지만 조금만 참고, 시간 내서 해보면 굉장히 뿌듯하거든요. 그렇게 조금씩 실천하다 보면 가족들의 인식도 바뀔 테고요, 그런 실천이 모이면 결국 변화가 일어날 거예요.

진 먹방 하는 유명 유튜버들이 배달 음식 포장 문제 이런 걸 제기하면 어떨까요? 쓰레기 없는 먹방 어때요, 괜찮지 않아요?

유 네, 그런 방송이 있으면 저도 보고 싶네요.

저는 다른 사람들에게 관심을 가지는 자세가 필요하다고 생각해요. 학교-학원-집만 오가면 학생이나 선생님 말고 다른 직업을 가진 사람들을 만나기 힘들잖아요. 그러다 보니 세상을 보는 시야가 좁아지고, 점점 더 이기적으로 변하는 것 같아요. 다른 직업을 가진 사람들의 강연을 챙겨보거나, 뉴스를 보면 세상 사람들이 사는 모습이 보이거든요. 그들이 사는 환경도 보이고요. 그러다 보면 저절로 환경에도 관심이 생기는 것 같아요. 이기적인 행동도 덜 하게 되고요.

전 제가 또 하나 현실적인 이야기를 하자면, 우리는 롤모델로 생각하는 사람이 하는 얘기를 귀담아듣게 되거든요? 지금 고등학생들에게 롤모델은 거창한 사람들이 아니에요. 좋은 대학 간 사람. 그런 사람이 하는 말이 사실 선생님 말씀보다 더 와닿아요. 그래서 학교에서 그런 자리를 좀 만들어주면 어떨까 합니다. 제가 좋은 학교에 가면 그런 활동을 할 의사가 충분히 있어요.

진 탄소 배출량 감축 목표가 2030년 50%, 2050년 제로잖아요? 10년 안에 50%라는 목표가 비현실적으로 들릴 수 있는데, 사실은 그렇게 엄청난 일이 아니에요. 여러분이 이야기한 이런 실천들이 모여야만 목표를 달성할 수 있다고 생각해요.

　　예를 들어서 수도, 물 있죠? '물 아껴 써!' 잔소리하면 주변 사람들이 싫어하니까 절수기를 설치하는 거예요. 모든 수도꼭지에 절수기를 설치하면, 그냥 살던 대로 살면서 물 사용량을 줄일 수가 있어요. TV 화면을 너무 밝게 해놓지 않는다거나, 냉장고가 표준 온도로 잘 세팅되어 있는지 살핀다거나. 이렇게 매번 번거롭게 신경 쓰지 않아도 되는 일들만 해도 30%는 줄일 수 있대요.

이 거기에 방금 우리가 말한 그런 소소한 실천까지 더해지면 50%는 충분히 달성할 수 있겠는데요?

진 맞아요. 거기에 정부와 기업들의 적극적인 변화도 수반되어야겠죠.

긴 시간 동안 여러분의 이야기를 해줘서 고맙습니다. 각자 자리에서 바쁜 중에도 기후위기와 환경문제에 관심을 가지는 모습을 보며 선배세대로서 면목이 없기도 하고, 한편으로는 참 고마운 마음도 드네요.

이것으로 오늘 자리는 마무리하겠습니다. 모두 건강 조심하시고, 언제든 도움이 필요하면 요청해주세요.

학교에서
환경과
지구에 대해
이야기하며

청년문학

일어난
변화들

학교에서 어떻게 지구환경과 생태에 대한 중요성을 알릴 수 있을까요? 적극적으로 이 질문에 대한 답을 찾는 교사들이 늘고 있습니다.

이들은 연구회를 조직하여 교과 수업에서 자연스럽게 기후위기와 환경에 대해 이야기하는 방법을 찾고, 학생 동아리를 지원하고, 시민 활동가들과 힘을 모으는 등 학교에서 환경과 생태에 대한 인식을 새롭게 하고 실천할 수 있는 방법을 고민하고 있습니다.

성대골 마을 연구원 좌담회에서 가장 많이 지적되던 '학교 현장에서 환경 생태 교육에 대한 아쉬움'을 어떻게 극복할 수 있는지 들어보기 위해 2020년 8월, 생태환경교육에 관심이 많은 교사 5명을 초대했습니다. 사회적 거리두기로 인해 등교 제한이 있었던 상황에서 온라인으로 진행된 좌담회였지만 그 어느 때보다 열띤 시간이었습니다.

**진행자 김소영**(이하 진)
서울 동작구 성대골에서 에너지전환 활동, 기후위기 경고 활동을 하고 있습니다.

**패널 강우회**(이하 강)
영등포고등학교 사회과 교사입니다.

**패널 김두림**(이하 김)
노원초등학교 교장을 맡고 있습니다.

**패널 윤신원**(이하 윤)
성남고등학교에서 지리를 가르치고 있습니다.

**패널 이혜숙**(이하 이)
국사봉중학교에서 국어를 가르치고 있습니다.

**패널 최소옥**(이하 최)
국사봉중학교에서 역사를 담당하고 있습니다. 2020년에는 사회과 수업도 하고 있습니다.

This is our acting

진 　오늘 모인 분들은 모두 '학교 현장에서 어떻게 하면 환경과 기후, 생태에 대한 이야기를 꺼낼 수 있을까'를 적극적으로 고민하는 분들이십니다. 이런 분들이 많으면 좋겠지만 아쉽게도 여러 가지 제약 때문에 생각만 있고 활동하지 못하는 교사들이 많은 걸로 알고 있어요. 그래서 첫 질문은 '나는 어쩌다 환경을 이야기하는 교사가 되었나?'입니다. 먼저 김두림 선생님부터 말씀해 주시겠어요?

김 　제가 보기와 다르게 선생 된 지가 꽤 오래됐어요(웃음). 91년에 낙동강 페놀 방류 사건[1]이 있었잖아요. 사실 그때는 '환경문제'라기보다는 사회 정의 문제로 인식됐는데요, 아무튼 그 후로 식수나 환경에 대한 고민이 본격적으로 싹트기 시작한 것 같아요. 그러다 93년 즈음에 교사 동아리가 많이 만들어지면서 환경을 고민하는 선생님들이 모이기 시작했고요, 처음에는 환경오염에 대해 다루다가 90년대 후반에 와서는 생태에 대한 이야기를 하게 됐고, 2010년대부터는 기후위기도 주제로 삼게 되었어요. 사회

---

1　경상북도 구미시 구포동에 있던 두산전자의 페놀원액 저장탱크의 파이프가 파열되면서 페놀원액이 낙동강으로 흘러들어간 사건. 30톤의 페놀원액이 대구 상수원인 다사취수장으로 흘러 수돗물을 오염시켰습니다. 이 일로 음용수 검사항목 문제가 본격적으로 제기됐으며 '환경범죄의 처벌에 관한 특별조치법'이 제정되었습니다.

문제에 관심을 가진 교사이다 보니, 운명적으로 환경과 기후 이야기까지 하게 되었달까요?

최 국사봉중학교는 2011년에 혁신학교로 지정되면서 '자기 삶에 기반한 문제의식을 갖고, 그것을 개선하기 위한 실천을 하는 가운데 미래 역량을 키운다'는 목표를 가지고 지역 공동체와 함께해왔어요. 그 과정에서 '마을이 학교다'라는 교육과정도 운영했고요. 개인적으로 2017년에 국사봉중학교에서 혁신부장을 맡게 되면서 어떤 주제를 매개로 아이들의 미래 역량을 키워야 하나 고민했어요. 그러다 떠올린 것이 성대골 에너지자립마을이었어요. 이곳은 아이들이 살고 있는 곳이기도 해서 마을에서 고민하는 문제에 함께할 수 있다면 자신의 삶에 기반한 문제해결역량을 키운다는 학교 교육 목표에도 잘 맞겠더라고요.

혁신학교 초기에 비해 연계 활동이 줄기는 했지만 학교와 성대골 에너지마을은 꾸준히 관계를 이어온 상황이라 함께 생태·에너지교육 프로그램을 다양하게 기획할 수 있었어요. 2011년 첫 해에는 동아리 활동으로 시작했고요, 다음 해부터는 2학년 전체 학생들이 함께할 수 있도록 정규교육과정 속에 녹이는 작업을 했어요. 마을 활동가 분들이 직접 수업을 하는 형태로 2012년, 2013년에는 한 달에 한두 번, 2014년에는 주 1회 2학년 '창의적 체험활동' 수업 시간에 마을과 연계한 여러 가지 프로그램을 진행했죠.

교사들은 또 나름대로 연구모임을 가지고 학생-학교-마을이 결합할 수 있는 주제를 찾고. 그렇게 1년 내내 프로젝트처럼 활동했는데요, 연말에는 생태축제를 열어 활동을 공유하는 자리까지 가졌어요. 이런 흐름 가운데에 있다 보니, 저도 생태 문제에 깊은 관심을 가지게 됐어요.

진 네, 감사합니다. 같은 국사봉 중학교에 계신 이혜숙 선생님 얘기까지 들어볼까요?

이 저는 아이들이 어떤 일을 하려고 하면, 제가 힘이 닿는 한 전폭적으로 지원하는 스타일이에요. 성대골에서 기후 이야기를 하는 청소년들을 만나면서 어떻게 내가 이들을 지원할 수 있을까, 도움을 줄 수 있을까 고민하게 되었어요. 생태나 환경에 관련된 수업을 받고 싶다, 그러면 선생님을 섭외하고, 학교에 공문 올리고, 또 현장 학습에 같이 가고. 그렇게 아이들을 따라다니면서 여기까지 온 것 같네요.

　　제가 올해 휴직을 하고 있는데요, 시간이 있으니 책도 보고 강의도 듣고 하면서 기후 문제가 사회 전반에, 교육 전반에, 내 삶 전반에 얼마나 큰 영향을 주는지 또 한 번 깨닫고 있습니다.

윤 저는 뜻 있는 지리 선생님들과 함께 '전국지리교사모임'을 운영해왔는데, 처음 7명에서 시작한 이 활동이 벌써 올해로 25년 차예요. 여기서 연구하는 선생님들이 하나같이 이야기하는 게 '지리교육에서 빠질 수 없는 부분이 환경 파트다'라는 거거든요.

요즘은 대부분 아이들이 도시에 살잖아요. 여행으로 잠깐 자연을 접하는 경우가 많다 보니, 생태환경문제를 나와 멀리 떨어진 문제로 여기더라고요. 이분법적으로 사고하는 거죠. 그래서 환경에 대한 고민을 교과 수업에 담기도 하고, 여러 방면으로 고민을 하다가 시민사회단체와 연계한 동아리를 만들어야겠다고 생각한 거예요. 아이들이 스스로 배우고 실천하는 경험을 해봤으면 해서요.

환경을 얘기하면서도 아이들에게 거부감 없이 다가갈 수 있는 시민사회단체를 찾다가 '내셔널트러스트(National Trust)'라는 걸 알게 됐어요. 세계적인 시민사회단체이고, 기부나 기타 다양한 활동을 통해 자연환경과 인문환경을 보존한다는 취지가 10대와 잘 맞을 것 같아서 전국 최초로 내셔널트러스트 학생 동아리를 만들었죠.

직접 아이들과 함께 시민사회단체에 문을 두드리고, 허락을 받아 학교단체로 가입을 했어요. 우리 동아리 활동 하는 아이들은 매달 천 원씩 기부도 해요. 시민단체에 가입하는 것은 곧 정기적으로 회비를 낸다는 뜻이다, 그것이 의무다 라고 가르쳤거든요. 그렇게 소속감을 가지고, 주변에서 할 수 있는 일 또는 NT(내셔널트러스트)와 연계해서 할 수 있는 일들을 같이 하다 보니까, 9년째인 지금은 교내외에서 가치 있는 활동을 하는 우수 동아리로 인정받고 있어요.

현장에서 아이들을 만나는 사람으로서, 시대를 담아내면서도 실천으로 이어지는 주제가 뭐가 있을까 고민하는 과정에서 환경에 관심을 갖게 됐고, 동아리까지 함께하며 자연스럽게 여기까지 오게 되었네요.

김  사립학교는 오랜 기간 같은 동아리를 유지할 수 있어서 좋네요.

윤  네, 맞아요. 좋은 동아리니까 다른 선생님들도 뜻을 이어서 계속 같이 해주세요. 제가 못할 때는 다른 지리선생님들이 동아리를 맡아주시고.

진  인원도 굉장히 많더라고요.

윤  네 45~50명 정도 돼요. 시민사회단체는 벽이 없어야 된다고 생각해서 원하는 사람은 누구나 들어올 수 있게 했거든요. 그래서 동아리를 두 반으로 나누어 모집하는 등, 최대한 많은 아이들이 참여할 수 있도록 하고 있어요. 사실 고등학교에서는 입시와 관련된 동아리가 가장 인기 있고 활동도 열심히 하는데요, NT 아이들은 '공부 면에서는 특출나지 않지만 의미 있는 활동을 한다'는 자긍심이 있어서인지 아주 열심히 해요.

진  멋지네요. 강우희 선생님도 얘기해주시겠어요?

강  저는 사회과를 맡고 있는데요, 사회과 수업에서는 환경문제를 거론하지 않을 수가 없어요. 우리 사회의 큰 문제 중 하나가 환경문제이기도 하니까요. 다만 초점은 조금씩 바꿔죠. 90년대에는 환경오염이 심각하다는 메시지를 다뤘지만, 지금은 기후위기를 다루는 식으로요. 교육과정과 교과서에서도 중요하게 다루는 부분이고, 저도 동의하고 공감하는 문제이기 때문에 이걸 학생들에게 어떻게 더 잘 전달할까 연구를 많이 했어요.

그래서 저는 독서 교육을 할 때, 특히 경제 단원에서 환경 이야기를 많이 꺼내는 방법을 택했어요. 몇몇 아이들은 왜 경제 시간에 환경 이야기를 하냐고 묻기도 하는데요, 우리가 지속 가능한 발전을 이루려면 환경문제를 반드시 해결해야 한다고 말하면 아주 진지하게 고민하더라고요. 독서 교육을 할 때도 반은 경제 관련 도서, 반은 환경 관련 도서를 목록으로 주고 독후감을 써오게 하죠.

진 개인적인 관심에서 시작되었든, 학생들에게 생각할 거리를 던지려는 목적이었든 교과 과정에서, 특별활동에서 자연스럽게 환경과 기후문제를 다루고 계시네요. 그래도 학교 현장에서 처음 이 이야기를 꺼내는 건 쉽지 않았을 것 같은데요, 그 이야기를 좀 들어볼까요? 교육 현장에 계신 분들에게 도움이 될 것 같아요.

김 저는 주로 고학년 담임을 해왔는데요, 고학년은 우리 학급의 특색활동 이런 것들을 만들잖아요? 그때 환경을 주제로 연간 프로젝트를 했죠.

실질적으로 학교에 영향력을 미칠 수 있었던 건 혁신

부장을 맡았을 때인데요, 초등학교는 혁신부장에게 어느 정도 유연하게 교육 과정을 운영할 수 있는 권한이 주어지거든요. 그래서 교육 과정에 넣자고 각 학년 선생님들을 설득했죠. 초등 때부터 생태교육, 환경교육을 해야 한다고요. 다들 이 문제에 굉장히 성의 있게 대응을 해줬고, 수시로 프로젝트도 할 수 있었어요. 4월에는 봄프로젝트, 환경의 날 즈음에는 에코프로젝트 등등 다양한 활동을 했죠. 환경교육단체와 환경단체에도 후원을 많이 했고요. 그렇게 끈이 생기다보니 시민사회에서 좋은 자료와 활동 프로그램을 많이 지원해주셨고, 선생님과 아이들도 더 재미있게 활동하는 선순환이 이루어졌어요.

진 　두림 선생님 같은 분이 교육 과정을 이끄시니 학교에서 생태 환경 교육이 정말 확실히 이루어지네요. 국사봉 중학교는 지역사회와 밀착해서 활동하고 계시잖아요. 오랫동안 해온 일이지만, 그래도 내부적으로 어려움은 없나요? 학부모 민원이 들어온다거나, 학교의 색깔이 명확한 것에 대해 동료 교사들이 반감을 느낀다거나 하는.

최 　그래도 환경이라는 주제가 다른 분야보다는 덜 민감해서 쉽게 접근할 수 있었어요. 전임 선생님들 때부터 마을과 연계한 교육과정을 꾸준히 운영하다 보니 보호자들의 이해도 높아지고, 학교와 마을 간에 신뢰도 두터워져 지역 사회와 연계한 다양한 시도도 해볼 수 있었고요.

몇 해 전 마을 연계 수업 시간에 아이들이 해외에서는 학교와 마을에서 생태·에너지 문제를 해결하기 위해 어떤 노력을 하는지 사례 조사를 했어요. 그 과정에서 '협동조합'을 알게 되었고, 학생, 보호자, 교사, 마을이 같이 공부해 협동조합을 만들게 되었어요. 처음에는 매점과 북카페만 운영했는데요, 원래 취지가 에너지 협동조합이었으니 우리도 에너지를 생산하는 활동을 하자는 의견이 나오면서 마을조합원들의 적극적인 후원을 받아 학교협동조합에서 직접 학교 옥상에 태양광 발전 시설인 '햇빛발전소'를 설치했어요. 그렇게 협동조합을 운영하면서 얻은 수익은 학교 학생들을 위해 쓰거나 지역에 나눔 활동을 하고 있고요. 이 과정이 굉장히 의미가 있었어요. 학교 구성원들이 거의 다 동참해서 해낸 일이니까요.

이제부터는 계속 잘 이어나가는 것이 과제예요. 공립학교는 구성원이 계속 바뀌기 때문에 의지를 가지고 이어나가지 않으면 우리 학교에는 특이하게 운영되는 매점과 북카페가 있고, 옥상에도 뭐가 있다는데 나는 전혀 모르는, 과거 사람들이 만든 시설물로만 여겨질 수 있겠더라고요. 그래서 '햇빛학교'라는 프로젝트를 추진하고 있는데요, 여러 교과 선생님들, 학교협동조합, 마을이 힘을 합쳐 수업에 생태·에너지에 대한 내용을 녹여내는 한편, 에너지 절약과 에너지 생산을 계속하면서 장기적으로 에너지 자립학교를 만들자는 거예요. 하지만 이 모든 활동이 학생들을 지원할 교사들에게 과중한 행정 업무로 다가온다면 정작 학생들에게 소홀해질 수도 있겠죠. 그래서 어떻게 하면 교사들의 업무 부담은 줄이면서 시스템적으로 살아남을 수 있을까에 대한 고민을 많이 하고 있습니다.

김 동의해요. 아무리 좋은 프로그램을 도입해도 리더가 바뀌거나 교사가 이동하면 사라지기 마련이더라고요.

이 국어과의 경우는 교과서 외의 텍스트도 다양하게 가져올 수 있어서 수업 시간을 활용하기가 좋아요. 2019년에는 조천호 선생님의 《파란하늘 빨간지구》 책 내용에서 중학교 1학년 학생들이 읽을만한 짧은 글, 폭염이 우리 생활에 미치는 영향 등을 담은 글을 가지고 와서 아이들이랑 같이 읽고 얘기 나누고, 시험 때 서술형 문제로도 냈어요.

UN에서 지정한 '지속발전 가능교육(SDGs)'에 대해서도 아이들과 얘기했는데 큰 관심을 보이더라고요. 17가지 목표 중 우리 학교에서 하는 교육들은 어디에 속하는지도 알아보고, 세계적인 흐름도 짚어주고요. 이렇게 아이들과 우리가 공부하고 있는 게 무엇인지를 끊임없이 얘기하는 것이 중요하다고 생각해요. 교사만 아는 게 아니라요.

진 그러면 고등학교로 넘어가 볼까요? 고등학교는 어떤 콘셉트, 아이디어로 학생들이나 동료 교사, 보호자들에게 접근했는지 들어보겠습니다.

네, 많이들 아시겠지만 고등학교 교육은 많은 부분이 입시로 귀결돼요. 학교에서 하는 활동도 입시에 도움이 되는지 안 되는지 따지는 경우가 많죠. 이건 우리 교육 현실에서 어쩔 수 없는 부분이에요. 그래서 저는 이런 환경 안에서 최대한 아이들에게 환경과 생태 이야기를 하려고 노력해요. 1학년 통합사회 과목에는 '자연환경' 단원이 있어 자연과 인간의 관계에 대해 자연스럽게 이야기할 수 있어요. 1학기 때는 자연환경 파트, 2학기 때는 '지속 가능한 삶'이라는 단원이 있는데요, 이 단원들을 통해 사회적 자연에 대해 이야기하고 있어요. 인간, 도시, 또는 우리 삶의 공간과 자연이 어떻게 유기적으로 연관되어 있는지 얘기하는 거죠. 2학년 교과 과정에 있는 세계지리 내용은 처음부터 끝까지 다 환경과 결부되어 있어요. 아프리카 단원을 배우면 사막화 얘기가 나오고, 세계 기후에 대해 배우다 보면 자연스럽게 그 공간에 사는 사람들의 삶과 기후의 연관성에 대해 얘기할 수밖에 없거든요. 기후, 지형, 식량, 에너지 모든 단원이 다 관련되어 있으니까 아이들이 학년을 마치고 나면 자연스럽게 환경을 지켜야 하는 이유에 대해 더 많이 생각하게 되더라고요. 학교에서는 교과 내용 속에 스며들게 해서 가르치는 것이 가장 좋다고 생각해요. 특히 고등학생은 자기 스스로 설득이 되어야 행동도 하는 나이거든요. 일방적으로 주입하는 것보다는 자연스럽게 접하도록 해서 아이들이 스스로 옳고 그름을 판단하고, 자기 행동을 성찰할 수 있게 이끄는 것이 효과적이더라고요.

이렇게 수업 속에서 계속 생태환경 내용을 담아내니 아이들의 생각이 깊어지면서 2019년에는 학생회에서 '고기 없는 날'을 제안하더라고요. 수업 시간에 육식과 채식에 대해 배우고 나서 아이들의 생각이 좀 달라진 거죠. 채식까지는 아니지만, 고기 없이는 밥 안 먹는다는 얘기를 하지 않을 정도는 된 거예요.

진 ─ 와, 그 고기 없는 날이 시행됐어요? 반발이 컸을 것 같은데.

윤 ─ 시행됐고요, 반발은 거의 없었어요. 저희 학교가 한 학년에 300명 좀 넘으니까, 1천 명 가까운 아이들이 고기 먹지 않는 하루를 보냈죠. 영양사 선생님이 고기 없는 날이지만 특별히 신경 써서 식단을 맛있게 해주시기도 했어요(웃음). 설문조사를 했더니 부정적인 의견이 거의 없더라고요. 아이들이 그 정도는 해낼 수 있다 이런 생각을 하는 것 같아요. 이렇게 아이들 생각이 변하는 거, 그게 교육의 힘이라고 생각해요.

진 ─ 강우희 선생님, 영등포고는 어떻게 접근하셨나요?

강 ─ 저희는 수행평가를 활용했어요. 세계지도를 주고 각 지역의 환경문제를 조사하는 건데요, 먼저 학습지를 주고 아이들 스스로 문제 의식을 갖게 한 뒤에, 같은 생각을 가진 아이들끼리 모둠을 만들어 탐구하게 하는 거예요. 사막화,

산성비 문제부터 지구온난화, 기후위기 이야기까지 다양한 주제가 나오죠. 아무래도 고등학생은 입시와 연관된 활동을 가장 열심히 하거든요. 그래서 수행평가를 활용하면 아이들에게 효과적으로 환경문제를 알릴 수 있어요. 문제는 수행평가 과제로 그치지 않고 꾸준히 관심을 이어갈 수 있도록 돕고, 태도와 행동으로 연결시키는 거죠.

2019년에 했던 활동 중에 개인적으로 큰 의미가 있었던 게 국사봉중학교의 이혜숙 선생님이 주관하신 기후위기 연수였는데요, 거기서 기후위기 문제 얘기하는 보드게임을 소개해주셨잖아요? 너무 재미있어서 저도 꼭 해봐야겠다 마음먹고 에너지정의연대에 전화해서 게임도 샀거든요. 그래서 수업시간에 하는데, 애들이 재미없다고 안 하려는 거예요. 그래서 어떻게 했겠어요? 결국 이거 잘하면 생기부 적어줄께(웃음). 그러니까 한 반에 2~3개 모둠이 이걸 하겠다고 나서더라고요. 고등학교 선생님들 모이면 다들 그러세요. 이렇게까지 해야 하나 싶다고요. 그래도 저는 접하게 하는 것이 중요하다고 생각해요. 실제로 하다 보면 아이들이 더 푹 빠지는 경우도 많고요.

김   초등학교는 통합교육을 하고 있고, 초등학교 특성상 담임이 가르치는 교과목이 많기 때문에 교과통합이나 융합수업을 하기 유리한 편이에요. 게다가 조금 전에 말씀하신 평가 문제에서도 자유로우니 기후위기, 생태전환 같은 프로젝트를 운영하기가 되게 좋아요. 1, 2학년은 통합으로 운영하기 때문에 음악 하나만 가지고도 그 안에서 기후위기를 다 다룰 수 있고요, 3학년은 '작은 생물의 한살이' 단원에서 동물과 식물 얘기를 할 수 있죠. 4학년에는 '식물의 분류' 단원이 있고, 사회과의 '지역 사회의 이해' 단원도 있고요. 5학년, 6학년에 가면 에너지문제도 다뤄요. 그리고 각 시에서 주는 보조 교과서도 유용하게 활용할 수 있고요. 장벽은 선생님들이에요. 선생님들이 자발적으로 교육과정에 넣는 것과 누군가의 지시에 의한 건 다르니까요.

강 저도 관련해서 한 가지 말씀드리고 싶어요. 아이들과 환경, 생태 얘기를 하다 보면 저를 비롯한 어른들의 행동을 많이 돌아보게 돼요. 저희 학교도 보면 선생님들이 환경 친화적인 삶에 익숙치 않은 경우가 많거든요. 페트병 생수를 종이컵에 따라서 마시는 것, 화장실 휴지를 많이 쓰는 것 모두 본보기가 안 되는 행동이잖아요. 어른들은 말과 행동이 다른 경우가 많고, 습관이 잘 고쳐지지 않는데 아이들은 생각과 행동이 계속 변하는 게 눈에 보여요.

진 선생님 말씀 들으니 저도 반성하게 되네요.

지금 선생님들이 만나고 있는 10대 초중고 학생들이 기후위기의 피해를 직접 맞는 이들이잖아요. 그런데 이 심각한 상황에서도 시험과 대학 입시 같은 현실적인 조건에 발목 잡혀 있는 모습을 보면 어떤 마음이 드세요?

아이들과 환경, 생태 이야기를 하다
보면 저를 비롯한 어른들의 행동을
많이 돌아보게 돼요. 저희 학교도
보면 선생님들이 환경 친화적인 삶에
익숙치 않은 경우가 많거든요. 페트병
생수를 종이컵에 따라서 마시는 것,
화장실 휴지를 많이 쓰는 것 모두
본보기가 안 되는 행동이잖아요.
어른들은 말과 행동이 다른 경우가
많고, 습관이 잘 고쳐지지 않는데
아이들은 생각과 행동이 계속 변하는
게 눈에 보여요.

강  2018년 10월 3일에 인천에서 있었던 IPCC 1.5도 특별보고
서 채택 현장에 갔었는데, 그때 처음 청소년들이 기후위기
소송단 활동을 하는 걸 알았어요. 저는 어른으로서, 선생
님으로서 부채의식으로 환경문제를 다루는데, 청소년들은
생존의 문제로 싸우는 것을 보고는 너무 미안했죠. 긍정적
인 것은 청소년들 사이에서도 '연대'라는 개념이 자리잡았
다는 거예요. 통합사회 교과에도 연대해서 문제를 해결하
는 내용이 나오는데, 아이들도 광역적인 문제는 이런 방식

으로 해결하겠다는 의식이 있더라고요. '미래를 위한 금요일' 시위 내용에 대해 알려주니 우리 학교에도 나가는 사람이 있는지 묻고, 참여하고 싶다는 의사를 밝히는 아이도 있었어요. 기성 세대로서 행동에 책임지지는 못하고 이런 10대들에게 정보를 전하는 일 밖에 하지 못하는 게 안타깝고 부끄러워요.

윤     저는 낙관하지 않으면 교육을 할 수 없다고 생각해요. 아무리 큰 문제라도 미래세대와 우리가 같이 노력하면 해결할 수 있다 믿고, 그렇게 가르쳐야 하죠. 환경문제도 마찬가지예요. 내가 세계시민으로서, 지구에 사는 한 사람으로서 어떻게 문제 해결에 나설 것인가를 논의해야지 '어려워 안 돼' 이렇게만 끝나서는 안 된다고 생각해요. 특히 환경 교육에 있어서는 초등, 중등 교육이 더 중요하다고 보는데요, 어릴 때부터 습관을 들이는 문제이기 때문이에요. 고등학생 정도 되면 의식 변화를 위한 교육은 하지만 이미 습관화된 행동들을 바꾸기는 쉽지 않거든요. 다행인 것은 코로나19 바이러스, 미세먼지 등의 문제 때문에 아이들 스스로 환경문제를 인식하고 있다는 거예요. 이런 강력한 계기가 있을 때 교육적으로 잘 활용하는 것은 교육 주체들의 과제라고 봅니다. 교육 주체는 학교의 교사, 학생뿐만 아니라 부모님들, 나아가 모든 선배세대들이 되어야 해요. 앞에서 '연대'에 대해 이야기 해주셨는데, 교육 주체 역할에도 연대가 필요하다고 생각해요.

김   초등학교 얘기도 해볼게요. 저희 학교에서 아이들과 캠페인을 하려고 기후와 관련된 표어들을 죽 나열하고 마음에 드는 문구에 투표하는 활동을 한 적이 있어요. 그런데 제일 많은 표를 받은 게 '우리에게 무슨 짓을 하는 건가요?'라는 문구였어요. 기후위기, 미래의 삶 등을 생각할 때 아이들은 굉장히 억울한 감정을 가지고 있다는 거죠. 지난 여름에 생태전환교육 포럼 중계를 봤는데, 거기에서도 중요하게 다룬 게 교육과정이었어요. 지금 하고 있는 주 교과의 학습량을 줄이고 통합교과를 활용해서 이런 중차대한 문제를 다뤄야 하지 않겠냐 그런 얘기를 했었거든요. 그런데 상황 개선을 위해 어디의 어떤 사람들이 노력해야 되는지, 교사인 저로서도 잘 모르겠는 거예요. 교육부에서 해결해야 하는지, 선생님들이 각자 스스로 해야 하는지 말이에요. 그럼에도 불구하고 현장에서는 이건 우리에게 주어진 과제라고 계속 얘기하면서 해결책을 찾아나가려고 노력하고 있어요.

강   고등학교의 장점은 아이들의 인식 수준과 이해 수준이 높다는 거예요. 그래서 환경과 생태에 대한 관심을 자기 진로와도 연결할 수 있고요. 환경이나 대기과학 등을 전공하고 싶은 아이들이 모여 동아리를 만들기도 하고, 이것이 진로와 연결되면서 더 적극적으로 탐구하고 활동하게 되는 등의 장점이 있어요. 환경을 교양선택교과로 선정하여 더 깊이 배우는 기회도 가질 수 있죠. 문제는 전국에서 환경교과를 선택하는 학교가 8% 정도밖에 되지 않는다는 건데요, 그나마도 3학년에 배정해서 자습 시간이나 쉬는 시간으로 활용되는 경우가 많다고 하니 너무 안타까워요. 환경교육을 받은 아이와 그렇지 않은 아이는 환경문제에 대한 인식과 실천에서 완전히 다를 수밖에 없어요. 환경교과를 선택하고, 생태전환교육을 제대로 시행하는 학교가 늘어야 해요. 그래서 아이들도 기후위기 문제를 자신들의 문제로 삼고, 환경단체와 연대하거나 광화문 시위에 참여하거나, 국회에 방문하는 등 적극적인 목소리를 낼 수 있었으면 좋겠어요. 학교는 이런 활동을 적극 지원해야 하고요.

**진** 중학교로 가볼까요?

**최** 학교에서 환경에 대해 많이 이야기한다고 하면, 이런 얘기를 많이 들어요. "그래서 애들이 뭐가 달라졌는데?" 사실 뭐가 얼마나 달라졌겠어요. 그냥 수업 시간에 몇 번 들은 거잖아요. 그런데 생각보다 많은 변화가 일어나고 있더라고요. 몇 가지 예를 들어볼게요. 우리 학교에서는 2018년 6.13 전국동시지방선거 때 각 후보들의 환경 관련 공약을 살펴보는 시간을 가졌어요. 그런데 대부분 후보들이 환경과 관련된 공약을 내놓지 않은 거예요. 이걸 본 아이들은 굉장히 허탈해 했고요, 결국엔 스스로 환경 관련 공약을 만들기에 이르렀죠. 모둠별로 10개씩 실천 방안도 만들었어요. 현재 자신들이 실천할 수 있는 것들로요. 2019년에는 그것들을 잘 지키고 있는지 체크리스트를 만들어 한 달동안 일지도 썼고요.

저는 그렇게 하나의 프로젝트가 끝났다고 생각했거든요. 그런데 그 해 10월에 IPCC 총회에 갔더니 우리 학교 아이들이 여럿 와 있는 거예요. IPCC에 지구 온난화 1.5도 특별보고서 채택을 촉구하는 행사인 '청소년 기후변화를 말하다' 실천 활동에 참가한 거였어요. 기자회견을 하면서 환경 공약을 만들었던 이야기도 하더라고요. 학교에서 몇 시간 했던 활동일 뿐인데, 아이들이 굉장히 진지하게 임했고 나름대로 확장시켜나가고 있었다는 생각이 들었어요. 사실 우리 학교에도 여름에 에어컨 팡팡 틀면서 긴 체육복 입는 아이들 많아요. 그런 모습 보면 도대체 우리는 뭘 한 걸까 하는 생각이 들기도 하는데요, 졸업한 뒤에도 꾸준히 관련된 활동을 해나가는 걸 보면, 한 귀로 듣고 한 귀로 흘리는 것 같아도 노출된다는 것 자체가 의미가 있었구나 하는 생각이 들어요.

김　저는 선생님들에게 한 마디 하고 싶네요. 아이들에게 이런 거 이런 거 하세요, 이런 거 저런거 하지 마세요라고 말하면서 자기 자신은 아무렇지 않게 행동하고 있지 않은가 반성해보자고요. 아이들에게 이렇게 살아야 해라고 말하기

전에 자기부터 좀 그렇게 살았으면 좋겠습니다. 저도 마찬
가지고요.

최 — 맞아요. 선배세대들의 반성이 시급하죠. 근본적으로 이 사
회가 굴러가는 시스템이 완전히 바뀌지 않으면 이 문제를
헤쳐나갈 수 없으니까요. 학교에서 내내 탄소배출, 기후위
기 이야기 해봐야 집에 가면 한겨울에 반바지 입고 다니고
그러잖아요? 당장 모든 생활습관을 바꾸지는 못하겠지만
사회를 구조적으로 바라볼 수 있는, 환경을 시스템적으로
바라볼 수 있는 그런 지식이나 단서를 제공하는 것이 우리
의 역할이 아닐까 해요. 우리가 다 해줄 수는 없지만 어떤
방향성을 보여주거나 시각이라도 열어주는 것, 그게 바로
교육자들이 할 수 있는 중요한 역할 아닐까요?

이 — 2019년에 선생님들을 대상으로 기후변화와 미래교육 연수
를 준비했는데, 짧은 시간 안에 100명 넘는 분이 신청을 하
셨어요. 그래서 이렇게 선생님들이 관심이 많은 영역인데,
그 동안 교육청이나 기타 연수 기관에서 소홀했구나 했죠.
여기 계신 선생님들은 이미 어느 정도 실천하고 계시지만,
교사들끼리 공부를 하고, 수업 시간에 활용할 수 있는 자
료를 만들어 많이 배포해야겠다는 생각도 했어요. 자유학
년제 선택 프로그램에 뭘 할지 고민하는 선생님들 많이 계
실 텐데, 기후위기는 너무 좋은 주제잖아요. 요즘 선생님들
이 농담 삼아 이런 얘기 많이 해요, 미래 교육, 온라인 교

육 먼 일일 줄 알았는데, 지금 코로나19 때문에 몇 달 사이에 다 현실이 됐다고요. 기후 교육과 생태전환 교육도 그럴 수 있어요. 위기 의식이 커지면 어느 순간 한 번에 이루어질 수 있으니 그때를 준비해야겠죠. 기후위기에 대처하기 위해서는 민간, 공공, 산업계, 학계, 연구기관 이 다섯 개가 다 움직여야 하는데, 이 중에서 특히 산업이 움직이지 않잖아요. 탄소배출 문제를 해결할 열쇠는 그들이 쥐고 있는데 말이죠. 그런데 결국 기업과 정부를 움직이는 것은 시민 사회예요. 그러니 초중고 학교 현장에서 시민 교육을 더 열심히 해야겠죠. 마지막으로, 어떻게 하면 환경과 생태에 대해 더 쉽게 이야기하고, 대중화시킬 수 있을까도 같이 고민해야 한다고 생각해요. 그렇게 쉽게 풀어낸 콘텐츠들을 학교 현장에서 유용하게 활용할 수 있거든요. 지금은 학자들이 쓴 어려운 책을 교사가 읽고, 학생 수준에 맞춰서 바꾸는 역할까지 해야 되니까, 관심 있는 교사들도 자기 전공이 아니면 버겁거든요. 이런 부분에는 교육부가 나서줘야죠. 기존의 자료들을 각급 학교에서 사용할 수 있게끔, 쉽게 필터링해주는 그런 역할이 필요합니다.

진    교육부에 바라는 말로 마무리까지, 정말 알찬 시간이었습니다. 선생님들 다양한 위치에서 애 많이 쓰고 계십니다. 오늘은 여기서 마무리할게요.

일동   감사합니다. 또 뵙겠습니다.

# 10대들의
# 환경 운동,

# 얼마나 알고
# 있습니까?

틔움출판

10대들의 기후위기 경고 활동에 가장 많은 관심을 가지고 적극적으로 지원해야 하는 사람은 누구일까요? 학교와 지역 사회의 역할도 크지만, 일상 생활에 가장 많은 영향을 미치는 보호자들의 의식과 태도도 무척 중요합니다.

지금까지 환경과 생태에 특별히 관심을 가지고 활동을 이어온 미래세대와 선배세대들의 이야기를 들어봤는데요, 마지막으로 10대와 함께 생활하는 보호자들을 대상으로 기후위기에 대한 관심도와 관련 활동에 대한 의견을 묻는 심층 설문 조사를 진행했습니다.[1]

1   평소에 기후위기 문제에 대한 관심이 있었습니까?

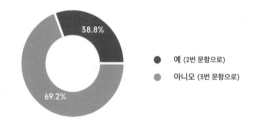

● 예 (2번 문항으로)
● 아니오 (3번 문항으로)

38.8%
69.2%

---

1   2020년 7~8월, 서울시 생태전환교육 참석자 30인 대상으로 시행

## 2 기후위기 문제에 관심을 가지게 된 계기는 무엇입니까?
(복수 응답 가능)

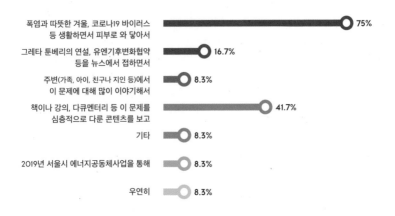

폭염과 따뜻한 겨울, 코로나19 바이러스
등 생활하면서 피부로 와 닿아서 — 75%

그레타 툰베리의 연설, 유엔기후변화협약
등을 뉴스에서 접하면서 — 16.7%

주변(가족, 아이, 친구나 지인 등)에서
이 문제에 대해 많이 이야기해서 — 8.3%

책이나 강의, 다큐멘터리 등 이 문제를
심층적으로 다룬 콘텐츠를 보고 — 41.7%

기타 — 8.3%

2019년 서울시 에너지공동체사업을 통해 — 8.3%

우연히 — 8.3%

## 3 왜 기후위기 문제에 관심이 가지 않으셨나요?
(복수 응답 가능)

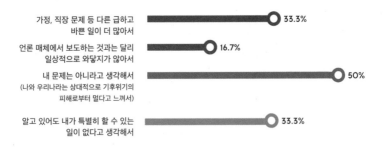

가정, 직장 문제 등 다른 급하고
바쁜 일이 더 많아서 — 33.3%

언론 매체에서 보도하는 것과는 달리
일상적으로 와닿지가 않아서 — 16.7%

내 문제는 아니라고 생각해서
(나와 우리나라는 상대적으로 기후위기의
피해로부터 멀다고 느껴서) — 50%

알고 있어도 내가 특별히 할 수 있는
일이 없다고 생각해서 — 33.3%

4  기후위기를 경고하는 청소년들의 활동 중 들어본 것에 모두
   표시해주세요. (복수 응답 가능)

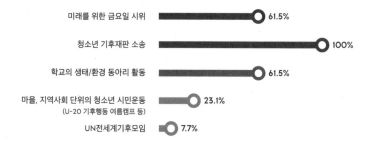

미래를 위한 금요일 시위 — 61.5%
청소년 기후재판 소송 — 100%
학교의 생태/환경 동아리 활동 — 61.5%
마을, 지역사회 단위의 청소년 시민운동 (U-20 기후행동 여름캠프 등) — 23.1%
UN전세계기후모임 — 7.7%

5  강의를 들은 후 기후위기 문제 중 무엇이 가장 심각하다고
   느끼셨습니까?

46.2%
15.4%
38.5%

● 정부, 기업, 민간 자원에서의 대책이 없다는 점
  (탄소 배출 감소, 에너지전환 등을 고려하고 있지 않은 점)
● 지구의 생존 온도(1.5도 상승)까지 5년도 남지
  않았다는 사실
● 폭염, 폭우, 해수면 온도 상승 등으로 인한
  사회적 약자의 피해
● 식량 위기 문제

**6** 5번 문항에서 답한 문제를 해결하거나 적극적으로 알리기 위해
개인적으로 하고자 결심한 활동이 있다면 적어주세요.

- 내가 먼저 환경문제에 대해 공부를 하고 아이들에게 교육하는 것
- 태양광 패널 설치는 기본적으로 할 일이라 생각했고, 정책적인 대안법을 만들어 달라고 목소리를 높여야겠다고 생각했다.
- 에너지 절약, 일회용품 사용 안하기
- 기후위기 상황을 모든 시민들이 알게 하는 캠페인, 다양한 활동
- 유튜브 등 SNS를 통해 알리기
- 지역 사회에서 주민들과 적극적으로 이야기하여 심각성을 알리고 실천할 수 있는 대안들을 마련할 계획이다.
- 활동하고 있는 동아리와 소모임에서 환경과 기후위기에 대해 알리겠다.
- 음식물 쓰레기를 줄이고, 음식물 찌꺼기를 퇴비로 만들어 식물 비료로 쓰고 있다. 오래된 집의 창호, 형광등을 LED로 교체할 예정이다.
- 지인들에게 적극적으로 알리고, 에너지 절약과 일회용품 사용 자제를 권유한다.
- 육류 소비를 최소화하기 위해 고기 식단을 줄인다.
- 가능한 걷거나 대중교통 이용하려고 한다.
- 재생에너지에 관심을 가지고 서울시의 태양광 패널 지원 사업을 주위에 권한다.
- 생태텃밭, 도농교류사업에 적극적으로 참여하여 푸드마일리지 적은 식품을 먹으려 노력한다.
- 지역 마을공동체 활동에 관심을 가지고 참여한다.

**7** 기후위기에 대처하기 위해 학교에서 가장 먼저 무엇을 해야 할까요?

- 환경문제와 교과 수업을 연계하는 등 적극적인 환경 교육
- 탄소 발자국 줄이기 교육과 실습(에너지전환, 텃밭농사 등)
- 채식 급식
- 청소년 시민 활동 지원(동아리 활동, 시위, 단체행동 등 시민사회 참여 활동 지원)

15.4%
7.7%
76.9%

8 기후위기에 대처하기 위해 정부에서 가장 먼저 무엇을 해야 할까요?

● 원자력 발전 중단 등 에너지전환
● 환경 관련 법안과 정책 적극적인 추진
● 소비 인식 변화 운동 등 인식 변환을 위한 캠페인 활동
● IPCC에서 협의한 탄소중립 실천

9 기후위기에 대처하기 위해 가정에서 가장 먼저 무엇을 해야 할까요?

● 일회용품 사용하지 않기, 육식 줄이기 등 적극적인 실천

● 기후위기, 환경에 대한 콘텐츠 접하고 가족 내에서 자주 이야기하기

● 기후위기와 관련된 정책 제안, 관련된 활동을 하는 시민단체 후원

● 시위 등 시민사회 활동에 적극적으로 참여

10 10대의 보호자로서 청소년 기후 활동을 지원할 때 어떤 마음가짐이 필요하다고 생각하십니까? 또는 청소년의 기후 활동에 대한 생각을 자유롭게 적어주세요.

- 청소년의 기후위기 활동이 중요하다는 생각을 늘 한다. 여기에 학부모와 교사가 조력자 역할을 적극적으로 하면 좋겠다는 생각이 든다.

10대들의 환경 운동, 엄마나 알고 있습니까?

- 우리 아이 세대에게는 생존 문제이기에 청소년 활동이나 시민 활동에 적극적으로 참여할 수 있게 도와야겠다는 생각을 한다. 그리고 부모인 나도 함께하고 싶다
- 아이가 관심을 가진다면 주변 친구들과 함께 활동할수 있게 지원하고 싶다
- 아이가 지구의 시민으로서 주체의식을 갖고 살 수 있도록 지원하고 싶다.
- 미래의 주인은 청소년이므로 아이의 의견을 존중하고 함께 기후위기 대응 행동에 동참할 생각이다.
- 부모로서 적극적으로 정보를 제공하는 등 청소년 활동에 힘을 실어주고, 어렵겠지만 일상 생활 중에도 에너지 절약 등 환경 보호를 실천하는 모습을 보인다.
- 아이가 환경과 생태에 대해 관심을 가질 수 있도록 적극적으로 지원한다. 함께 정보를 찾고, 토론하는 시간을 가지고, 같은 관심사를 가진 또래들과 소통할 수 있도록 돕는다.
- 아이가 자연과 함께할 기회를 많이 마련한다.
- 기후위기에 대해 자주 이야기를 나눈다. 기부 등 관련된 시민단체의 활동에 참여할 방법을 알아본다.

# 기후위기
# 극복을 위한
# 연대

모든 것이 멈춰 설 수밖에 없었던 2020년을 지나며 우리는 위기가 어떻게 삶을 멈추게 하고 힘들게 하는지 경험했습니다. 그러나 한편으로는 이것이 인류에게 주어진 마지막 기회가 아닐까 하는 생각이 듭니다. 20세기 이후 '생존'을 위해 이렇게 전 지구가 목숨 걸고 싸웠던 적은 없었기 때문입니다.

　머지않은 미래에 우리는 기후위기를 극복하기 위해 2020년과 같은 전 지구적 비상사태를 수없이 반복해야 할지도 모릅니다.

　코로나19가 아니더라도 54일의 긴 장마와 연이은 태풍 그리고 한파와 긴 겨울로 이어진 2020년은 기후위기 취약 계층에게 너무나 혹독한 시간이었습니다.

성대골에서는 활동가, 지역 청소년들과 함께 2012년부터 기후위기에 취약한 가구들을 방문하고 지원할 방법을 찾아 직간접적으로 연결하는 활동을 하고 있습니다. 도움의 손길을 기다리는 이들이 유난히 더 많았던 2020년은 특히 청소년들의 활동이 빛났습니다.

지역의 활동가들이 여름 장마가 끝나고 16가구에 생활필수품을 지원했고, 겨울 한파를 대비하기 위해 32가구에 간단한 집수리를 진행했는데, 그 활동에 지역 청소년들이 함께했습니다. 12월에는 한파로 어려움을 겪는 취약 계층을 조사하고 찾아가 필요한 물품을 지원하는 일을 함께했고요.

몇 가지 에피소드가 생각납니다, 동네에서 연세가 가장 많으신 분(106세)의 댁을 방문해 주방과 화장실 수전을 교체하던 중 있었던 일인데요, 한겨울에도 얇은 이불을 덮고 생활하시기에 이유를 여쭤보니, 두꺼운 이불을 덮으면 숨을 쉬기 어렵다는 것이었습니다. 활동가들은 주민센터에 연락해 가볍고 따뜻한 이불을 지원할 방법을 의논했고, 동장님과 전통시장 이불가게 사장님의 지원으로 가볍고 따뜻한 이불을 구입해 전달했습니다.

겨울마다 화장실이 동파해 10분 이상 걸리는 주민센터 화장실을 이용하시던 93세 할머님은 올해 특히 더 곤란해하셨습니다. 코로나19로 인해 1층의 공용화장실이 폐쇄되었기 때문이죠.

함께 기후위기 취약계층 지원 활동을 한 청소년들은 이런 상황을 보면서 탄소배출 감소를 위한 캠페인이나 실천 활동도 중요하지만 기후변화 시대에 대비하고 적응하기 위한 준비를 하는 것이 더 시급하다고 입을 모았습니다. 기후약자들이 상대적으로 더 큰 피해를 입거나 차별받지 않도록 사회적인 준비가 필요하다는 뜻이었습니다.

기후위기로 인해 빈부격차, 지역격차, 세대격차 등 불평등의 격차가 최고조에 달할 것으로 예상됩니다. 이 중에서도 특히 세대 간 불평등으로 인해 전 세계 여러 국가의 청소년들이 기후행동을 펼치고 있습니다.

지구 온도가 1.5도 이상 상승하는 것을 막기 위해서는 2050년까지 탄소 중립을 달성해야 합니다. 2020년대를 사는 청소년들은 20~40대, 가장 활발하게 사회활동을 할 시기에 온실가스 감축을 위해 모든 힘을 집중해야 한다는 뜻입니다. 기존 세대가 만든 온실가스 배출 기반의 사회 구조를 모두 바꿔 탈 탄소 시대를 여는 것이 이들의 지상과제가 되었습니다. 그러니 이렇게 목소리를 높이고, 선배 세대들에게 강력한 경고를 날리는 것이 당연합니다.

심각한 것은 이런 상황을 제대로 알고 적극적으로 준비해야 하는 지금, 우리나라의 교육이 현실을 외면하고 있다는 사실입니다. 현장에서 만난 청소년들로부터 '왜 선배 세대들은 기후위기의 심각성을 한 번도 얘기해주지 않았습니까?'라는 질문을 받았을 때의 당혹감을 기억합니다.

조금씩 변화하고 있다지만 남은 시간에 비해 속도가 너무 느립니다. 기후위기에 대한 사회적 공감대를 형성하고도 갈 길이 먼데, 대부분이 그 심각성을 인지하지도 못하고 있는 것이 현실입니다. 그러니 실천으로 이어지는 것은 아직까지 너무 먼 이야기죠.

환경문제가 심각하다고 생각하는 것과 위기감을 느끼는 것은 행동으로 이어지는 데 차이가 있습니다. 지금은 우리의 예민도를 '심각'에서 '위기'로 격상시키고, 곧바로 인식을 행동으로 전환시켜야 할 때입니다.

코로나19를 통해 경험한 위기 대응 방법을 토대로 기후위기의 심각성을 인정하고 행동에 나섰으면 합니다. 이 과정에서 선행할 것은 기후위기에 가장 취약하고 불평등하다고 생각하는 영역과 연대하는 일입니다.

미래 세대를 위해 지금, 힘을 보태주세요.

**성대골 마을닷살림협동조합 이사장 김소영**

# 지구는 인간만 없으면 돼

초판 1쇄 발행   2021년 4월 23일
초판 2쇄 발행   2021년 10월 15일
초판 3쇄 발행   2022년 6월 13일
초판 4쇄 발행   2023년 12월 20일

지은이        기후위기와 싸우는 10대들
펴낸이        김남전

편집장        유다형
편집          이경은
디자인        박연미
마케팅        정상원 한웅 정용민 김건우
경영관리      임종열 김다운

펴낸곳        (주)가나문화콘텐츠
출판 등록      2002년 2월 15일 제10-2308호
주소          경기도 고양시 덕양구 호원길 3-2
전화          02-717-5494 (편집부)  02-332-7755 (관리부)
팩스          02-324-9944

홈페이지       ganapub.com
포스트         post.naver.com/ganapub1
페이스북       facebook.com/ganapub1
인스타그램     instagram.com/ganapub1

ISBN          978-89-5736-220-4 (03330)

※  이 책은 (재)숲과나눔 풀씨 시민 아이디어 지원사업 선정작으로, 제작비 일부를
    숲과나눔 재단으로부터 지원받았습니다.
※  책값은 뒤표지에 표시되어 있습니다.
※  '프로젝트P.'는 (주)가나문화콘텐츠에서 진행하는 공공 프로젝트 그룹명입니다.
※  이 책의 내용을 재사용하려면 반드시 저작권자와 (주)가나문화콘텐츠의 동의를 얻어야 합니다.
※  잘못된 책은 구입하신 서점에서 바꾸어 드립니다.

프로젝트P.는 당신의 소중한 의견을 기다립니다.
아이디어나 문의사항이 있으신 분은 이메일 project-promise@naver.com으로 보내주세요.